HEINZ-WILHELM VOGEL · HOLGER WEBER

PRAXIS-RATGEBER PFLEGEVERSICHERUNG

Heinz-Wilhelm Vogel · Holger Weber

Praxis-Ratgeber Pflege-Versicherung

Vorteile · Ansprüche · Kostenerstattung

Walhalla

Berlin · Bonn · Regensburg

Die Deutsche Bibliothek – CIP-Einheitsaufnahme

Vogel, Heinz-Wilhelm:
Praxis-Ratgeber Pflegeversicherung: Vorteile – Ansprüche – Kostenerstattung/
Heinz-Wilhelm Vogel, Holger Weber . –
Berlin ; Bonn ; Regensburg : Walhalla, 1995
(Ratgeber Recht & Wirtschaft)
ISBN 3-8029-3680-9
NE: Weber, Holger:

Zitiervorschlag:
H.-W. Vogel / H. Weber, Praxis-Ratgeber Pflegeversicherung,
Berlin, Bonn, Regensburg 1995

Hinweis: Unsere Ratgeber sind stets bemüht, Sie nach bestem Wissen zu informieren. Verbindliche Rechtsauskünfte holen Sie im Zweifelsfall bei Ihrem Rechtsanwalt ein.

Stand: März 1995

Produktion: Walhalla Fachverlag, 93042 Regensburg
Printed in Germany
ISBN 3-8029-3680-9

Ausführliche Informationen zum Inhalt finden Sie vor den einzelnen Kapiteln auf Extra-Seiten.

Schnellübersicht

Vorwort *6*

1. Das ist neu an der Pflegeversicherung *7*

2. Das kommt auf Sie zu: Wie Sie versichert sind *15*

3. Ihr persönlicher „Beitrag" zur Pflegeversicherung *29*

4. Pflege-Fall: Wann Sie als pflegebedürftig gelten *39*

5. Diese Leistungen können Sie beanspruchen *55*

6. Leistungen, die Sie als Pflegeperson verlangen können *75*

7. Was wichtige Fachbegriffe im Klartext bedeuten *81*

8. Wichtige Bestimmungen für die Praxis *109*

Stichwortverzeichnis *225*

Vorwort

Seit dem 1. Januar 1995 ist die neue Pflegeversicherung in Kraft. Für die soziale Pflegeversicherung gilt der Grundsatz: Jeder, der in der gesetzlichen Krankenversicherung Mitglied ist, wird Mitglied der sozialen Pflegeversicherung. Und wer in der privaten Krankenversicherung versichert ist, muß eine private Pflegeversicherung abschließen.

Schon deshalb gilt: Die neue Pflegeversicherung betrifft uns alle – so oder so. Und: Pflegebedürftigkeit ist ein Risiko, das jeden treffen kann, jederzeit und überall.

Die neue Pflegeversicherung – gern auch als fünfte Säule des Sozialversicherungssystems bezeichnet – hat die Aufgabe, den Pflegebedürftigen Hilfe zu leisten. Ein umfassender Leistungskatalog erleichtert allen Betroffenen die finanzielle Situation.

Die Verwirrung um die neue Pflegeversicherung ist groß. Wo sind Sie versichert? Haben Sie ein Wahlrecht zwischen gesetzlichem und privatem Versicherungsschutz? Was geschieht mit bereits bestehenden Pflegepolicen? Welche Pflegeleistungen können Sie konkret in Anspruch nehmen – und ab wann?

Das sind nur einige Fragen zur neuen Pflegeversicherung, die jeden angehen. Lesen Sie dazu in diesem Ratgeber die wichtigsten Bestimmungen und Praxis-Tips, damit Sie Bescheid wissen und „im Falle des Falles“ die finanziellen Vorteile der Neuregelung auch wirklich nutzen können.

Hamburg/Schwerin

Heinz-Wilhelm Vogel
Holger Weber

Das ist neu an der Pflegeversicherung

1

Pflegeversicherung als fünfte Säule der Sozialversicherung 8

So wird die Pflegeversicherung organisiert 11

Diese Leistungen können Sie beantragen: ein erster Überblick 12

Das ist neu an der Pflegeversicherung

Nach langen und bekanntlich sehr kontrovers geführten Diskussionen ist die Pflegeversicherung am 1. Januar 1995 in Kraft getreten. Sie wurde durch das Gesetz zur sozialen Absicherung des Risikos der Pflegebedürftigkeit eingeführt. Kernstück des Gesetzes ist das neugeschaffene Elfte Buch des Sozialgesetzbuches. Um die wichtigsten Bestimmungen dieser Neuregelung geht es in diesem Ratgeber.

Pflegeversicherung als fünfte Säule der Sozialversicherung

Der Sinn und Zweck der Pflegeversicherung besteht darin, den Menschen sachgerecht Hilfe zu leisten, die wegen ihrer Pflegebedürftigkeit auf Unterstützung angewiesen sind. Die Leistungen der Pflegeversicherung werden stufenweise eingeführt:

- Ab 1. 1. 1995 sind Beiträge zur Pflegeversicherung zu entrichten.
- Ab 1. 4. 1995 werden die Leistungen der häuslichen Pflege eingeführt.
- Ab 1. 7. 1996 werden Leistungen zur (voll-)stationären Pflege erbracht.

Die Beitragshöhe beträgt zunächst 1 % der beitragspflichtigen Einnahmen. Ab 1. 7. 1996 steigt der Beitrag dann auf 1,7 %.

Die Pflegeversicherung gliedert sich in eine

- soziale und
- private Pflegeversicherung.

Für die soziale Pflegeversicherung gilt der Grundsatz: Die Pflegeversicherung folgt der Krankenversicherung. Das bedeutet: Jeder, der in einer gesetzlichen Krankenversicherung versichert ist, wird Mitglied der sozialen Pflegeversicherung. Dies gilt unabhängig davon, ob Sie in der gesetzlichen Krankenversicherung pflichtversichert oder freiwillig versichert oder ob Sie Rentner sind.

Heilfürsorgeberechtigte, wie Feuerwehrbeamte und Polizeibeamte, sowie beihilfeberechtigte Beamte sind verpflichtet, eine private Pflegeversicherung abzuschließen.

Die soziale Pflegeversicherung wurde als weiterer eigenständiger Zweig der Sozialversicherung geschaffen und steht damit neben der

- gesetzlichen Krankenversicherung,
- gesetzlichen Unfallversicherung,
- gesetzlichen Rentenversicherung und
- Arbeitslosenversicherung.

Die private Pflegeversicherung umfaßt nahezu alle Personen, die nicht unter die soziale Pflegeversicherung fallen. Das sind alle diejenigen, die sich privat gegen Krankheit versichert haben, wie zum Beispiel Freiberufler. Sie sind verpflichtet, jetzt eine private Pflegeversicherung abzuschließen.

Damit steht fest, der neuen Pflegeversicherung entkommt niemand. Praktisch jeder muß sich versichern, egal ob er Pflichtmitglied der gesetzlichen Krankenkasse ist, als Freiberufler oder Besserverdienender freiwillig einer Krankenkasse angehört oder aber eine private Krankenversicherung abgeschlossen hat.

Nur wenn Sie keiner gesetzlichen Krankenkasse angehören und sich auch nicht privat gegen Krankheit versichert haben, entgehen Sie der Beitragspflicht nach der Pflegeversicherung. Die möglicherweise bittere Folge für Sie persönlich: Sie können eines Tages zum Sozialfall werden.

Welche Möglichkeiten Sie jetzt haben, zeigt die nachfolgende Zusammenstellung:

Die am 1. 1. 1995 freiwillig Versicherten in der gesetzlichen Krankenversicherung können eine Pflegeversicherung bei einer privaten Krankenversicherungsgesellschaft abschließen und sich von der gesetzlichen Pflegeversicherung befreien lassen. Der Antrag muß bis spätestens 30.6.1995 bei der zuständigen Krankenkasse eingegangen sein.

Diejenigen, die erst nach dem 1.1.1995 freiwillig versicherte Mitglieder der gesetzlichen Krankenversicherung werden, müssen ihr Wahlrecht innerhalb von drei Monaten ausüben.

Alle, die bis zum 23.6.1993 bei einer privaten Versicherungsgesellschaft eine Pflegezusatzversicherung abgeschlossen hatten, können sich von der gesetzlichen Pflegeversicherung befreien lassen.

Voraussetzung dafür ist, daß Ihre Versicherungsgesellschaft nach Art und Umfang die gleichen Leistungen anbietet wie die soziale Pflegeversicherung. Erforderlich ist dazu ein Antrag, der bis zum 31.3.1995 gestellt werden muß.

Achtung:

Die Befreiung kann nicht widerrufen werden.

Praxis-Tip:

Enthalten Versicherungsverträge unzureichende Regelungen, sind sie an den Leistungsumfang der sozialen Pflegeversicherung anzupassen. Anderenfalls tritt automatisch die Pflichtmitgliedschaft in der sozialen Pflegeversicherung ein.

Die Beiträge einer privaten Pflegeversicherung sind auf den Höchstbetrag begrenzt, der in der sozialen Pflegeversicherung zu zahlen wäre. Ebenso sind Kinder unter den gleichen Voraussetzungen beitragsfrei mitversichert.

Ein Unterschied besteht in der Mitversicherung des nicht oder nur geringfügig beschäftigten Ehegatten. Dann muß eine Prämie entrichtet werden, die bis zu 50%, beim sogenannten Neugeschäft auch einen anderen höheren Prozentsatz, betragen kann.

Außerdem können alle Personen, die bei einer privaten Krankenversicherung gegen Pflegebedürftigkeit versichert sind, diese Versicherung mit Wirkung vom Eintritt der Versicherungspflicht in der sozialen Pflegeversicherung kündigen.

Praxis-Tip:

Das Kündigungsrecht steht Ihnen zu, wenn Sie zunächst privat versichert waren und nun aufgrund eines beruflichen Wechsels pflichtversichert werden. Das gleiche Kündigungsrecht gilt auch für Familienangehörige, wenn für sie eine Familienversicherung eintritt.

Daneben steht denjenigen ein außerordentliches Kündigungsrecht zu, die vor dem 23. 6. 1993 eine private Pflegeversicherung abgeschlossen hatten und die ab 1. 1. 1995 Pflichtversicherte oder Familienversicherte in der sozialen Pflegeversicherung sind. Familienversicherung bedeutet, daß Ihr Ehegatte und Ihre Kinder beitragsfrei mitversichert sind, wenn deren monatliches Gesamteinkommen die Geringfügigkeitsgrenze nicht übersteigt. Diese beträgt 1995 580 DM (alte Bundesländer) beziehungsweise 470 DM (neue Bundesländer.

Darüber hinaus dürfen die Familienangehörigen selbst nicht in der sozialen Pflegeversicherung versicherungspflichtig sein. Sie dürfen auch nicht hauptberuflich selbständig erwerbstätig sein.

So wird die Pflegeversicherung organisiert

Die Träger der sozialen Pflegeversicherung sind die Pflegekassen, die bei den jeweiligen Krankenkassen eingerichtet werden. Dadurch wird der Aufbau eines neuen, kostenträchtigen Verwaltungsapparats vermieden. Auch wird von vornherein verhindert, daß es zu Streitigkeiten darüber kommen kann, ob noch Krankheit oder bereits Pflegebedürftigkeit vorliegt.

Die Hauptaufgabe der Pflegekassen besteht darin, die pflegerische Versorgung sicherzustellen. Diese muß bedarfsgerecht und gleichmäßig sein und dem allgemein anerkannten Stand medizinisch-pflegerischer Erkenntnisse entsprechen.

Zusätzlich müssen die Pflegekassen sicherstellen, daß

- ärztliche Behandlung,
- Behandlungspflege,
- Rehabilitationsmaßnahmen,
- Grundpflege und
- hauswirtschaftliche Versorgung

nahtlos und störungsfrei ineinander greifen. Dabei hat die häusliche Pflege Vorrang vor der teilstationären und insbesondere der vollstationären Versorgung.

Diese Leistungen können Sie beantragen: ein erster Überblick

Ab 1.4.1995 können Sie auf Antrag Leistungen zur häuslichen Pflege in Anspruch nehmen, ab 1.7.1996 dann auch Leistungen zur stationären Pflege. Die Pflegebedürftigkeit wird nach der Häufigkeit des Hilfebedarfs in drei Pflegestufen eingeteilt:

- Pflegestufe I (erhebliche Pflegebedürftigkeit)
- Pflegestufe II (Schwerpflegebedürftigkeit)
- Pflegestufe III (Schwerstpflegebedürftigkeit)

Die häusliche Pflege hat Vorrang vor der stationären. Deshalb bilden die Leistungen zur Verbesserung der häuslichen Pflege den Schwerpunkt des Gesetzes. Je nach Schweregrad der Pflegebedürftigkeit werden als Sachleistung Pflegeleistungen durch ambulante Pflegedienste und Sozialstationen erbracht. Der Anspruch auf häusliche Pflegehilfe umfaßt je Kalendermonat:

- für erheblich Pflegebedürftige (Pflegestufe I)
  bis zu 750 DM

- für Schwerpflegebedürftige (Pflegestufe II) bis zu 1800 DM
- für Schwerstpflegebedürftige (Pflegestufe III) bis zu 2800 DM, wobei in besonderen Härtefällen die Sachleistungen bis zu 3750 DM monatlich betragen können.

Alternativ können Sie auch Pflegegeld in Anspruch nehmen, wenn Sie Ihre häusliche Versorgung selbst sicherstellen. Das Pflegegeld beträgt monatlich

- in Pflegestufe I 400 DM
- in Pflegestufe II 800 DM
- in Pflegestufe III 1300 DM

Praxis-Tip:

Sachleistung und Pflegegeld können Sie auch kombiniert in Anspruch nehmen. So können zum Beispiel bei Urlaub oder Krankheit der Pflegeperson in bestimmten Fällen die Kosten einer Ersatzpflegekraft bis zum Höchstbetrag von 2800 DM für maximal vier Wochen erstattet werden.

Daneben gibt es noch Leistungen für

- Tages- und Nachtpflege
- Pflegehilfsmittel und technische Hilfen
- Pflegekurse

Ab 1. 7. 1996 übernimmt die Pflegeversicherung dann Hilfen bis zu 2800 DM, wenn ambulante oder teilstationäre Pflege nicht möglich ist und Sie stationär gepflegt werden müssen. Die ambulante oder stationäre Pflege darf als Sachleistung nur durch zugelassene Personen oder Einrichtungen durchgeführt werden. Nehmen Sie eine andere Einrichtung unter Vertrag, haben Sie immer nur Anspruch auf das Pflegegeld, das lediglich einen Zuschuß zur häuslichen Pflege darstellt.

Das kommt auf Sie zu: Wie Sie versichert sind

2

Sie sind in der gesetzlichen Krankenkasse pflichtversichert 16

Sie sind in der gesetzlichen Krankenkasse freiwillig versichert 18

Sie sind privat krankenversichert 19

Das gilt für Sie als Rentner 22

Worauf es für Familienangehörige entscheidend ankommt 23

Was Sie über eine Weiterversicherung wissen müssen 24

Wenn Sie sich von der Versicherungspflicht befreien lassen wollen 25

Das kommt auf Sie zu: Wie Sie versichert sind

Die Pflegeversicherung gliedert sich in die gesetzliche, die sogenannte soziale Pflegeversicherung, und die private Pflegeversicherung. Wie Sie pflegeversichert sind und ob Sie eine Wahlmöglichkeit haben, hängt davon ab, in welcher Weise Sie bislang krankenversichert sind.

Wichtig:

Unterscheiden Sie stets zwischen dem versicherungspflichtigen Personenkreis einerseits und dem leistungsberechtigten Personenkreis andererseits. Denn wenn Sie versicherungspflichtig sind, heißt dies noch lange nicht, daß Sie Leistungen aus der Pflegeversicherung beanspruchen können.

Versicherungspflichtig zu sein heißt, die Beiträge zur Pflegeversicherung zahlen zu müssen. Leistungsberechtigt sind Sie dagegen, wenn Sie pflegebedürftig sind und für die einzelnen Leistungsarten die jeweiligen Voraussetzungen erfüllen.

Sie sind in der gesetzlichen Krankenkasse pflichtversichert

Es gilt der Grundsatz: „Die Pflegeversicherung folgt der Krankenversicherung". Das bedeutet für Sie: Wenn Sie in einer gesetzlichen Krankenkasse pflichtversichert sind, also am 1. Januar 1995 monatlich weniger als 5850 DM in den alten Bundesländern beziehungsweise 4800 DM in den neuen Bundesländern verdienen und damit unter der Versicherungspflichtgrenze liegen, besteht damit automatisch auch Versicherungspflicht in der sozialen Pflegeversicherung. Ein besonderer Antrag, um Mitglied der sozialen Pflegeversicherung zu werden, ist nicht erforderlich.

Zum Kreis der Pflegeversicherten gehören insbesondere folgende Personen:

- Arbeiter, Angestellte und zu ihrer Berufsausbildung Beschäftigte, die gegen Arbeitsentgelt beschäftigt sind;
- Personen, die Arbeitslosengeld, Arbeitslosenhilfe, Eingliederungsgeld, Eingliederungshilfe für Spätaussiedler, Unterhaltsgeld oder Altersübergangsgeld nach dem Arbeitsförderungsgesetz beziehen;
- Landwirte, ihre mitarbeitenden Familienangehörigen und Altenteiler, soweit sie versicherungspflichtig sind;
- selbständige Künstler und Publizisten nach den Bestimmungen des Künstlersozialversicherungsgesetzes;
- Personen, die in Einrichtungen der Jugendhilfe, in Berufsausbildungswerken oder in ähnlichen Einrichtungen für Behinderte für eine Erwerbstätigkeit befähigt werden sollen;
- Teilnehmer an berufsfördernden Maßnahmen zur Rehabilitation sowie an Berufsfindung oder Arbeitserprobung unter bestimmten Voraussetzungen;
- Behinderte, die in gesetzlich anerkannten Werkstätten für Behinderte oder in gesetzlich anerkannten Blindenwerkstätten oder für diese Einrichtungen in Heimarbeit tätig sind;
- Behinderte, die in Anstalten, Heimen oder gleichartigen Einrichtungen in gewisser Regelmäßigkeit eine Leistung erbringen, die einem Fünftel der Leistung eines vollerwerbsfähigen Beschäftigten in gleichartiger Beschäftigung entspricht;
- Studenten, die an staatlichen oder staatlich anerkannten Hochschulen eingeschrieben sind, soweit sie der Krankenversicherungspflicht unterliegen;
- Personen, die zu ihrer Berufsausbildung ohne Arbeitsentgelt beschäftigt sind oder die eine Fachschule oder Berufsfachschule besuchen oder eine in Studien- oder Prüfungsordnungen vorgeschriebene berufspraktische Tätigkeit verrichten (Praktikanten);

- Auszubildende des Zweiten Bildungsweges, die sich in einem nach dem Bundesausbildungsförderungsgesetz förderungsfähigen Teil eines Ausbildungsabschnittes befinden;
- Personen, die die Voraussetzungen für den Anspruch auf eine Rente aus der gesetzlichen Rentenversicherung erfüllen und diese Rente beantragt haben, soweit sie der Krankenversicherungspflicht unterliegen.

Unter welchen Voraussetzungen Sie sich von der gesetzlichen Versicherungspflicht befreien lassen können, lesen Sie am Ende dieses Kapitels ab Seite 25.

Achtung:

Wenn Sie auf 580-DM-Basis arbeiten, also geringfügig beschäftigt und mit Ihrem Einkommen nicht sozialversicherungspflichtig sind, fallen Sie auch aus der Pflegeversicherung heraus. Für den Fall, daß Sie auch nirgends mitversichert sind und auch keine private Pflegeversicherung abgeschlossen haben, sind Sie dann gegen das Risiko der Pflegebedürftigkeit überhaupt nicht versichert.

Sie sind in der gesetzlichen Krankenkasse freiwillig versichert

Da die Pflegeversicherung grundsätzlich der Krankenversicherung folgt, sind Sie auch in diesem Fall über die gesetzliche Krankenversicherung pflegeversichert. Die Pflichtversicherung gilt unabhängig davon, warum Sie freiwilliges Mitglied der gesetzlichen Krankenkasse sind.

Praxis-Tip:

Als freiwilliges Mitglied einer gesetzlichen Krankenkasse können Sie sich unter bestimmten Voraussetzungen von der Versicherungspflicht befreien lassen. Allerdings müssen Sie dann nachweisen, daß Sie für sich und Ihre mitversicherten Familienangehörigen eine private Pflegeversicherung abgeschlossen haben. Die dort gewährten Leistungen müssen nach Art und Umfang denjenigen gleichwertig sein, die Sie nach der sozialen Pflegeversicherung beanspruchen können.

Achtung:

Die Befreiung von der Versicherungspflicht in der sozialen Pflegeversicherung ist unwiderruflich. Das hat zur Folge, daß Sie an Ihrer Entscheidung für den Abschluß einer privaten Pflegeversicherung solange gebunden sind, wie die Krankenversicherung besteht.

Einzelheiten zur Möglichkeit, sich von der sozialen Pflegeversicherung befreien zu lassen, lesen Sie am Ende dieses Kapitels ab Seite 25.

Sie sind privat krankenversichert

Wenn Sie privat krankenversichert sind, müssen Sie bei der betreffenden Versicherungsgesellschaft grundsätzlich auch eine private Pflegeversicherung abschließen. Voraussetzung hierfür ist jedoch, daß es sich um eine Krankheitskostenvollversicherung handelt. Eine private Zusatz- oder Reisekrankenversicherung oder auch eine Krankenhaustagegeldversicherung lösen dagegen keine Versicherungspflicht aus.

Von dieser Regelung sind in erster Linie Beamte, Richter, Versorgungsempfänger und Selbständige betroffen. Sie gilt aber auch für Arbeitnehmer, deren Bruttomonatseinkommen oberhalb der Versicherungspflichtgrenze liegt, d. h. deren Bruttomonatseinkommen also mehr als 5850 DM (in den alten Bundesländern) beziehungsweise 4800 DM (in den neuen Bundesländern) beträgt.

Und auch Heilfürsorgeberechtigte, die nicht in der sozialen Pflegeversicherung versicherungspflichtig sind, wie beispielsweise Berufssoldaten, Polizeibeamte und Feuerwehrbeamte, müssen eine private Pflegeversicherung abschließen. Dasselbe gilt für Mitglieder der Postbeamtenkrankenkasse und der Krankenversorgung der Bundesbahn.

Praxis-Tip:

Bis zum 30.6.1995 haben Sie die Möglichkeit, die private Pflegeversicherung bei einer anderen Versicherungsgesellschaft abzuschließen als derjenigen, bei der bereits Ihre Krankenversicherung läuft. Bevor Sie einen solchen Wechsel vornehmen, sollten Sie sich in jedem Fall aber nach den vertraglichen Leistungen erkundigen.

Das gilt hier in besonderer Weise. Der Grund: Die Leistungen der Versicherungsgesellschaften müssen den Leistungen der sozialen Pflegeversicherung nach Art und Umfang gleichwertig sein. Die private Pflegeversicherung muß also gewährleisten, daß ihre Leistungen denen der sozialen Pflegeversicherung entsprechen.

Das bedeutet: Als Pflegebedürftiger müssen Sie sowohl bei ambulanter als auch bei stationärer Pflege Geldleistungen erhalten, wie sie in der sozialen Pflegeversicherung für die jeweilige Stufe der Pflegebedürftigkeit vorgesehen sind. Und: Soweit die private Pflegeversicherung bestimmte Sachleistungen nicht erbringen kann, hat sie die Kosten in Höhe der Sachleistung zu erstatten, die für die jeweilige Pflegestufe vorgesehen ist.

Im Pflege-Versicherungsgesetz ist geregelt, welche Voraussetzungen die private Pflegeversicherung erfüllen muß, um die gesetzlich vorgeschriebenen Leistungen erbringen zu können. Dabei ist stets zwischen dem sogenannten Altbestand, das sind bereits bestehende Versicherungsverträge, und dem Neugeschäft, das sind neu abgeschlossene Versicherungsverträge, zu unterscheiden.

Handelt es sich um Altbestand, ist den Versicherungsgesellschaften bei Abschluß einer privaten Pflegeversicherung folgendes vorgeschrieben:

- Die Versicherungsgesellschaften sind verpflichtet, den Versicherungsvertrag abzuschließen (sogenannter Kontrahierungszwang ohne Altersbegrenzung).
- Versicherte mit Vorerkrankungen oder bereits bestehender Pflegebedürftigkeit dürfen nicht ausgeschlossen werden; ebensowenig dürfen in diesen Fällen Zuschläge gefordert werden.
- Für die Gewährung von Leistungen dürfen keine längeren Wartezeiten vorgesehen werden als in der sozialen Pflegeversicherung.
- Die Beiträge dürfen weder nach dem Geschlecht noch nach dem Gesundheitszustand des Versicherten gestaffelt werden.
- Die Versicherungsprämie darf den Höchstbeitrag in der sozialen Pflegeversicherung (für Beihilfeberechtigte den halben Höchstbeitrag) nicht überschreiten.
- Kinder müssen unter den gleichen Voraussetzungen wie in der sozialen Pflegeversicherung – also beitragsfrei – mitversichert werden.
- Für Ehegatten gilt eine Beitragsbegrenzung auf 150 % des Höchstbeitrages der sozialen Pflegeversicherung, wenn der Ehegatte ein monatliches Gesamteinkommen von weniger als 580 DM (alte Bundesländer) beziehungsweise 470 DM (neue Bundesländer) hat.

Praxis-Tip:

Diese Vertragsbedingungen gelten auch dann, wenn Sie sich später entschließen, mit der Kranken- und der Pflegeversicherung zu einem anderen Versicherungsunternehmen zu wechseln.

Beim Neugeschäft gelten die vorgenannten Vertragsbedingungen mit folgenden Einschränkungen:

- Personen, die bereits pflegebedürftig sind, können ausgeschlossen werden.
- Die Versicherungsgesellschaften dürfen in bestimmten Fällen Risikozuschläge fordern.
- Die Zusage eines Höchstbeitrags greift erst nach einer fünfjährigen Vorversicherungszeit in einer privaten Kranken- oder Pflegeversicherung.
- Eine Ermäßigung der Beiträge für Ehegatten ist nicht vorgesehen.

Das gilt für Sie als Rentner

Auch für Sie als Rentner der gesetzlichen Rentenversicherung gilt: Sie sind nach dem Pflege-Versicherungsgesetz versicherungspflichtig. Gehören Sie der Krankenversicherung der Rentner an, werden Sie automatisch Mitglied in der sozialen Pflegeversicherung. Ein Antrag ist dafür nicht erforderlich.

Beziehen Sie eine Rente und sind Sie in der gesetzlichen Krankenversicherung freiwillig oder bei einer Versicherungsgesellschaft privat versichert, müssen Sie dagegen aktiv werden. Sie müssen sich selbst um den Abschluß einer privaten Pflegeversicherung kümmern. Allerdings können Sie davon ausgehen, daß sich die Krankenkasse, bei der Sie freiwillig versichert sind, oder die Versicherungsgesellschaft, bei der Sie Ihre private Krankenversicherung abgeschlossen haben, von sich aus auf Sie zukommen werden.

Worauf es für Familienangehörige entscheidend ankommt

Ein fester Bestandteil der Krankenversicherung ist die Familienversicherung. In der Familienversicherung sind der Ehegatte und die Kinder von Mitgliedern der gesetzlichen Krankenkasse beitragsfrei mitversichert, wenn bestimmte Voraussetzungen vorliegen. Diese Regelung wurde jetzt für die soziale Pflegeversicherung übernommen.

Voraussetzung für die beitragsfreie Familienversicherung ist, daß der Ehegatte oder das Kind

- ihren Wohnsitz in Deutschland haben,
- in der Pflegeversicherung nicht selbst versicherungspflichtig sind,
- ihr monatliches Gesamteinkommen die Geringfügigkeitsgrenze von 580 DM (alte Bundesländer) beziehungsweise 470 DM (neue Bundesländer) nicht übersteigt.

Beachten Sie dabei die Altersgrenzen, die für die Familienversicherung von Kindern gilt. Danach sind Kinder wie folgt mitversichert:

- bis zur Vollendung des 18. Lebensjahres generell
- bis zur Vollendung des 23. Lebensjahres, wenn sie nicht erwerbstätig sind
- bis zur Vollendung des 25. Lebensjahres, wenn sie sich in einer Schul- oder Berufsausbildung befinden oder ein freiwilliges soziales oder ökologisches Jahr leisten (bei Ableistung des Wehr- oder Zivildienstes oder eines vergleichbaren Dienstes verlängert sich die Familienversicherung um den entsprechenden Zeitraum über das 25. Lebensjahr hinaus)

- ohne Altersgrenze, wenn sie wegen körperlicher, geistiger oder seelischer Behinderung nicht in der Lage sind sich selbst zu unterhalten und die Behinderung bereits zu einem Zeitpunkt vorgelegen hat, an dem das Kind bereits unter den vorgenannten Voraussetzungen familienversichert war

Was Sie über eine Weiterversicherung wissen müssen

Grundsätzlich ist es so, daß jeder in der Pflegeversicherung versichert ist. Es gibt jedoch Fälle, in denen Sie aus der Pflegeversicherung ausscheiden. Dann besteht für Sie die Möglichkeit, sich in der Pflegeversicherung weiter zu versichern. Eine Weiterversicherung kommt insbesondere in Betracht für

- Mitglieder der gesetzlichen Krankenversicherung, die aus der Versicherungspflicht ausgeschieden sind und in den letzten fünf Jahren vor dem Ausscheiden mindestens 24 Monate oder unmittelbar vor dem Ausscheiden mindestens 12 Monate versichert waren, und für die keine Versicherungspflicht in der privaten Pflegeversicherung besteht.
- Personen, deren Familienversicherung erlischt.

Beispiel:

- Nicht berufstätiger Ehegatte nach der Ehescheidung.
- Kinder, die aus der Familienversicherung ausscheiden und für die keine eigene Pflegeversicherungspflicht besteht.
- Neugeborene, die nicht unter die Familienversicherung fallen, weil der Ehegatte des Mitglieds von der Versicherungspflicht in der sozialen Pflegeversicherung befreit oder privat versichert ist und ein höheres Gesamteinkommen als das Mitglied hat.
- Personen, die ihren Wohnsitz ins Ausland verlegen.

Praxis-Tip:

Wer wegen des Umzugs in das Ausland aus der Versicherungspflicht ausscheidet und sich in der sozialen Pflegeversicherung weiterversichern will, muß dies spätestens einen Monat nach dem Ausscheiden aus der Versicherungspflicht beantragen. In allen anderen Fällen ist der Antrag innerhalb von drei Monaten nach Beendigung der Mitgliedschaft beziehungsweise nach Beendigung der Familienversicherung oder nach der Geburt bei der jeweiligen Pflegekasse zu stellen.

Wenn Sie sich von der Versicherungspflicht befreien lassen wollen

Unter bestimmten Voraussetzungen können Sie sich von der Versicherungspflicht in der sozialen Pflegeversicherung befreien lassen. Unterscheiden Sie dabei folgende Fälle:

Sie sind in der gesetzlichen Krankenversicherung freiwillig versichert. Dann können Sie sich von der Versicherungspflicht in der sozialen Pflegeversicherung befreien lassen, wenn Sie nachweisen, daß

- Sie bei einer Versicherungsgesellschaft eine private Pflegeversicherung abgeschlossen haben und
- für Sie selbst und Ihre Familienangehörigen bei Pflegebedürftigkeit Leistungen beanspruchen können, die nach Art und Umfang den Leistungen der sozialen Pflegeversicherung gleichwertig sind.

Wichtig:

Sie müssen einen Antrag auf Befreiung stellen. Diesen Antrag können Sie nur innerhalb von drei Monaten nach Beginn der Versicherungspflicht in der sozialen Pflegeversicherung stellen, und zwar bei Ihrer Pflegekasse.

Praxis-Tip:

Für den Fall, daß Sie bereits vor dem 1. 1. 1995 in der gesetzlichen Krankenversicherung freiwillig versichert waren, können Sie sich bis zum 30. 6. 1995 von der Versicherungspflicht in der sozialen Pflegeversicherung befreien lassen. Voraussetzung ist auch hier, daß Sie und Ihre Familienangehörigen bei einer privaten Versicherungsgesellschaft gegen Pflegebedürftigkeit (mit)versichert sind.

Die Befreiung wirkt vom Beginn der Versicherungspflicht an, wenn seit diesem Zeitpunkt noch keine Leistungen in Anspruch genommen wurden, sonst vom Beginn des Kalendermonats an, der auf die Antragstellung folgt. Die Befreiung kann nicht widerrufen werden:

- Wenn Sie am 1. 1. 1995 bereits bei einer privaten Versicherungsgesellschaft gegen das Risiko der Pflegebedürftigkeit versichert waren, haben Sie die Möglichkeit, sich von der Versicherungspflicht in der sozialen Pflegeversicherung befreien zu lassen. Der Antrag muß bis zum 31. 3. 1995 bei der zuständigen Pflegekasse gestellt werden. Voraussetzung für die Befreiung ist, daß die private Pflegeversicherung vor dem 23. 6. 1993 abgeschlossen wurde. Die Befreiung wirkt dann vom Beginn der Versicherungspflicht an und kann nicht widerrufen werden.

- Bei einer bereits bestehenden privaten Pflegeversicherung kommt ferner folgendes in Betracht: Die Befreiung von der sozialen Pflegeversicherung ist auch dann möglich, wenn die Leistungen der Versicherungsgesellschaft den Leistungen der sozialen Pflegeversicherung nicht gleichwertig sind.

Versicherungsverträge, die unzureichende Vertragsleistungen vorsehen, sind bis zum 31. 12. 1995 an den Leistungsumfang der sozialen Pflegeversicherung anzupassen. Ist dies bis dahin nicht geschehen, muß die Versicherungsgesellschaft dies dem Bundesversicherungsamt mitteilen.

Wird der bereits bestehende Versicherungsvertrag nicht angepaßt, gilt außerdem folgendes: Es tritt Versicherungspflicht in der sozialen Pflegeversicherung ein.

Achtung:

Wenn Sie am 1. 1. 1995 bei einer privaten Versicherungsgesellschaft gegen das Risiko der Pflegebedürftigkeit versichert waren, können Sie statt einer Befreiung von der sozialen Pflegeversicherung auch den bestehenden Versicherungsvertrag bei der privaten Versicherungsgesellschaft kündigen. Voraussetzung hierfür ist allerdings, daß Sie in der sozialen Pflegeversicherung versicherungspflichtig werden.

Praxis-Tip:

Antragsformulare für die Befreiung von der Versicherungspflicht erhalten Sie bei der zuständigen Pflegekasse. Ein einheitliches Formular gibt es nicht. Jede Pflegekasse hat ihr eigenes Formular entwickelt, so daß ein Musterformular nicht vorgestellt werden kann.

Ihr persönlicher „Beitrag" zur Pflegeversicherung

3

Welcher Beitragssatz erhoben wird 30

Wann Sie beitragsfrei sind 30

Was beitragspflichtige Einnahmen sind 32

Wie Sie den Beitrag zahlen 34

Wann Sie mit Beitragszuschüssen rechnen können 35

Diese Besonderheiten gelten in der privaten Pflegeversicherung 37

Ihr persönlicher „Beitrag“ zur Pflegeversicherung

Die Mittel für die Pflegeversicherung werden wie sonst auch in der Sozialversicherung durch Beiträge und sonstige Einnahmen gedeckt.

Welcher Beitragssatz erhoben wird

Die Beitragspflicht beginnt ab 1. 1. 1995. Ab diesem Zeitpunkt wird für die Leistungen der häuslichen Pflege ein bundeseinheitlicher Beitragssatz von einem Prozent erhoben. Dieser erhöht sich ab 1. 7. 1996 auf 1,7 %. Der Grund für die Erhöhung: Zu diesem Zeitpunkt wird die vollstationäre Pflege eingeführt. Der Beitragssatz ist bei allen Pflegekassen gleich.

Wann Sie beitragsfrei sind

Für folgende Personen besteht in der sozialen Pflegeversicherung Beitragsfreiheit:

- Familienangehörige sind für die Dauer der Familienversicherung beitragsfrei mitversichert. Das bedeutet, daß sie damit den gleichen beitragsfreien Versicherungsschutz erhalten wie in der gesetzlichen Krankenversicherung.
- Mitglieder sind für die Dauer des Bezuges von Mutterschafts- oder Erziehungsgeld beitragsfrei gestellt. Diese Beitragsfreiheit erstreckt sich allerdings nur auf die vorgenannten Leistungen. Verfügen Sie noch über zusätzliche beitragspflichtige Einnahmen, wie beispielsweise aus Arbeitseinkommen, so werden diese Einnahmen der Beitragsbemessung zugrundegelegt.
- Beitragsfreiheit besteht außerdem vom Zeitpunkt der Rentenantragstellung bis zum Beginn der Rente oder einer Geldleistung aus der Altershilfe für Landwirte für

- den hinterbliebenen Ehegatten eines Rentners, der bereits Rente bezogen hat, wenn Hinterbliebenenrente beantragt wird,
- die Waise eines Rentners, der bereits Rente bezogen hat, vor Vollendung des 18. Lebensjahres; dies gilt auch für Waisen, deren verstorbener Elternteil Altersgeld, vorzeitiges Altersgeld oder Hinterbliebenengeld bezogen hat,
- den hinterbliebenen Ehegatten eines Beziehers von Altersgeld oder vorzeitigem Altersgeld, wenn die Ehe vor Vollendung des 65. Lebensjahres des Verstorbenen geschlossen wurde,
- den hinterbliebenen Ehegatten eines Beziehers von Landabgaberente.

Achtung:

Im Gegensatz zur gesetzlichen Krankenversicherung führt der Bezug von Krankengeld in der sozialen Pflegeversicherung nicht zur Beitragsfreiheit.

Praxis-Tip:

Beziehen Sie bestimmte Entschädigungsleistungen, die zu einem Ruhen der Leistungsansprüche in der Pflegeversicherung führen, können Sie sich auf Antrag von der Beitragspflicht befreien lassen.

Voraussetzung hierfür ist, daß Sie sich auf nicht absehbare Dauer in stationärer Pflege befinden und

- bei Ihnen aufgrund von Schädigungsfolgen Pflegebedürftigkeit besteht, oder
- Sie infolge eines Dienstunfalles pflegebedürftig sind,
- Sie die Anstaltspflege als Leistung der gesetzlichen Unfallversicherung erhalten, oder

- Sie Leistungen in entsprechender Anwendung des Bundesversorgungsgesetzes erhalten, und
- Sie keine Familienangehörigen haben, für die eine Familienversicherung besteht.

Das bedeutet im Klartext: Haben Sie Familienangehörige, die beitragsfrei familienversichert sind, gilt die Beitragsfreiheit nicht. Der Grund besteht darin, daß die mitversicherten Familienmitglieder die Leistungen aus der Pflegeversicherung nach wie vor in Anspruch nehmen können.

Was beitragspflichtige Einnahmen sind

Für die Höhe der zu zahlenden Beiträge ist neben dem Beitragssatz vor allem die Höhe der beitragspflichtigen Einnahmen maßgeblich. Auch in der sozialen Pflegeversicherung gilt das aus den anderen Zweigen der Sozialversicherung bekannte Solidarprinzip. Danach knüpft der Beitrag nicht an den Gesundheitszustand, das Alter oder an andere Risikofaktoren an, sondern orientiert sich ausschließlich an der wirtschaftlichen Leistungsfähigkeit des jeweiligen Versicherten.

Der Begriff der beitragspflichtigen Einnahmen ist hier identisch mit dem in der gesetzlichen Krankenversicherung. Das bedeutet: Wenn Sie in der gesetzlichen Krankenversicherung pflichtversichert sind, gelten als beitragspflichtige Einnahmen im einzelnen

- das Arbeitsentgelt aus einer versicherungspflichtigen Beschäftigung, wobei das Vorruhestandsgeld dem Arbeitsentgelt gleichsteht;
- das Arbeitseinkommen (aus einer selbständigen Tätigkeit);
- der Zahlbetrag der Rente der gesetzlichen Rentenversicherung; als Rente der gesetzlichen Rentenversicherung gelten Renten der Rentenversicherung der Arbeiter und

Angestellten sowie Renten der knappschaftlichen Rentenversicherung einschließlich der Steigerungsbeträge aus Beiträgen der Höherversicherung;

- der Zahlbetrag der Einnahmen, die der Rente vergleichbar sind; als der Rente vergleichbare Einnahmen gelten, soweit sie wegen einer Einschränkung der Erwerbsfähigkeit oder zu Alters- oder Hinterbliebenenversorgung erzielt werden:
  - Versorgungsbezüge aus einem öffentlich-rechtlichen Dienstverhältnis oder aus einem Arbeitsverhältnis mit Anspruch auf Versorgung nach beamtenrechtlichen Vorschriften oder Grundsätzen;
  - Bezüge aus der Versorgung der Abgeordneten, Parlamentarischen Staatssekretäre und Minister;
  - Renten der Versicherungs- und Versorgungseinrichtungen, die für Angehörige bestimmter Berufe errichtet sind;
  - laufende Geldleistungen und Landabgaberenten aus der Altershilfe für Landwirte mit Ausnahme einer Übergangshilfe;
  - Renten der betrieblichen Altersversorgung einschließlich der Zusatzversorgung im öffentlichen Dienst und der hüttenknappschaftlichen Zusatzversorgung.

Zu den weiteren beitragspflichtigen Einnahmen zählen insbesondere

- Arbeitslosengeld
- Arbeitslosenhilfe
- Eingliederungsgeld für Spätaussiedler
- Unterhaltsgeld
- Altersübergangsgeld
- Krankengeld

Wie Sie den Beitrag zahlen

Auch hier gelten die gleichen Vorschriften wie in der gesetzlichen Krankenversicherung. Das bedeutet, daß bei Arbeitsverhältnissen Arbeitnehmer und Arbeitgeber die Beiträge jeweils zur Hälfte tragen. Welche Kostenbelastung sich bei dem ab 1. 1. 1995 geltenden Beitragssatz von einem Prozent der beitragspflichtigen Einnahmen ergibt, zeigt die folgende Übersicht:

Beitragspflichtige Einnahmen monatlich	**Arbeitnehmeranteil**	**Arbeitgeberanteil**
1000 DM	5,00 DM	5,00 DM
1500 DM	7,50 DM	7,50 DM
2000 DM	10,00 DM	10,00 DM
2500 DM	12,50 DM	12,50 DM
3000 DM	15,00 DM	15,00 DM
3500 DM	17,50 DM	17,50 DM
4000 DM	20,00 DM	20,00 DM
4500 DM	22,50 DM	22,50 DM
4800 DM*	24,00 DM	24,00 DM
5000 DM	25,00 DM	25,00 DM
5500 DM	27,50 DM	27,50 DM
5850 DM**	29,25 DM	29,25 DM

* Beitragsbemessungsgrenze 1995 für die neuen Bundesländer
** Beitragsbemessungsgrenze 1995 für die alten Bundesländer

Beachten Sie hinsichtlich der Beitragstragung noch folgende Besonderheit: Zum Ausgleich der mit den Arbeitgeberbeiträgen verbundenen Belastungen der Wirtschaft ist vorgesehen, daß die Bundesländer einen landesweiten gesetzlichen Feiertag, der stets auf einen Werktag fällt, aufheben. Nahezu alle Bundesländer haben zwischenzeitlich eine solche Regelung getroffen. Die Einzelheiten entnehmen Sie bitte der nachfolgenden Übersicht:

Bundesland	bestehende Regelung
Baden-Württemberg	Pfingstmontag
Bayern	Buß- und Bettag
Berlin	Buß- und Bettag
Brandenburg	Buß- und Bettag
Bremen	Buß- und Bettag
Hamburg	Buß- und Bettag
Hessen	Buß- und Bettag
Mecklenburg-Vorpommern	Buß- und Bettag
Niedersachsen	Buß- und Bettag
Nordrhein-Westfalen	Buß- und Bettag
Rheinland-Pfalz	Buß- und Bettag
Saarland	Buß- und Bettag
Sachsen	–
Sachsen-Anhalt	Buß- und Bettag
Schleswig-Holstein	Buß- und Bettag
Thüringen	Buß- und Bettag

Wann Sie mit Beitragszuschüssen rechnen können

Sind Sie in der gesetzlichen Krankenversicherung freiwillig versichert, erhalten Sie unter der Voraussetzung, daß ein Feiertag gestrichen worden ist, von Ihrem Arbeitgeber einen Beitragszuschuß. Dieser ist der Höhe nach begrenzt auf den Betrag, der als Arbeitgeberanteil bei Versicherungspflicht zu zahlen wäre.

Das gilt auch dann, wenn Sie verpflichtet sind, eine private Pflegeversicherung abzuschließen. Der Zuschuß ist der Höhe nach begrenzt auf den Betrag, der als Arbeitgeberanteil bei Versicherungspflicht in der sozialen Pflegeversicherung als Arbeitgeberanteil zu zahlen wäre, höchstens jedoch auf die

Hälfte des Beitrages, den Sie für Ihre private Pflegeversicherung zu zahlen haben.

Achtung:

Der Zuschuß wird für eine private Pflegeversicherung nur gezahlt, wenn die Versicherungsgesellschaft

- die Pflegeversicherung nach Art der Lebensversicherung betreibt,
- sich verpflichtet, den überwiegenden Teil der Überschüsse zugunsten der Versicherten zu verwenden, und
- die Pflegeversicherung nur zusammen mit der Krankenversicherung betreibt.

Praxis-Tip:

Sie können verlangen, daß die Versicherungsgesellschaft Ihnen eine Bescheinigung ausstellt, wonach die Aufsichtsbehörde bestätigt hat, daß die Versicherungsgesellschaft ihr Versicherungsgeschäft nach den vorgenannten Grundsätzen betreibt.

Im Zusammenhang mit der Einführung der vollstationären Pflege zum 1. 7. 1996 ist noch zu klären, ob ein zweiter Feiertag wegfallen soll. Die Bundesregierung hat vor einer Entscheidung bei dem Sachverständigenrat für die Begutachtung der gesamtwirtschaftlichen Entwicklung ein Gutachten zu der Frage einzuholen, ob zum Ausgleich der eintretenden Beitragsmehrbelastung ein zweiter Feiertag entfällt.

Wird ein solcher Ausgleichsbedarf nicht festgestellt, ist vorgesehen, daß Arbeitgeber und Arbeitnehmer den zusätzlichen Beitrag von 0,7 % jeweils zur Hälfte tragen. Das gilt auch dann, wenn ein Ausgleichsbedarf festgestellt werden sollte und das jeweilige Bundesland einen weiteren Feiertag abschafft.

Ist dies nicht der Fall, müssen Sie als Arbeitnehmer den zusätzlichen Beitrag in voller Höhe übernehmen. Dies bedeutet dann, daß der Beitrag bis zur Höhe von einem Prozent jeweils zur Hälfte von Ihnen und Ihrem Arbeitgeber getragen wird, der darüber hinausgehende Teil des Beitrags allein von Ihnen übernommen werden muß. Im Ergebnis tragen Sie dann von den 1,7 % deutlich über die Hälfte, nämlich 1,2 % selbst.

Diese Besonderheiten gelten in der privaten Pflegeversicherung

Der monatliche Beitrag in der privaten Pflegeversicherung ist altersabhängig. Er darf aber den Höchstsatz der sozialen Pflegeversicherung nicht übersteigen. Und: Für den Fall, daß Sie beihilfeberechtigt sind, darf die Prämienhöhe höchstens die Hälfte des jeweiligen Höchstsatzes betragen.

Die Beiträge sind für Männer und Frauen gleich hoch. Für den Altbestand ist der Beitrag von Anfang an auf den Höchstbeitrag der sozialen Pflegeversicherung (58,50 DM in den alten Bundesländern beziehungsweise 48 DM in den neuen Bundesländern) begrenzt. Für beihilfeberechtigte Versicherungsnehmer belaufen sich die Höchstbeiträge auf 29,25 DM in den alten Bundesländern und 24 DM in den neuen Bundesländern.

Praxis-Tip:

Kinder sind unter den selben Voraussetzungen wie in der sozialen Pflegeversicherung beitragsfrei mitversichert. Für Ehegatten, die nicht oder nur geringfügig beschäftigt sind, gilt folgendes: Beim Altbestand muß eine Prämie entrichtet werden, die bis zu 50 % Ihres eigenen Beitrags betragen kann. Bei Neugeschäften ist auch eine höhere Prämie möglich.

Pflege-Fall: Wann Sie als pflegebedürftig gelten

4

Wann Krankheiten oder Behinderungen vorliegen 40

Wann Hilfsbedürftigkeit „auf Dauer" besteht 41

Die Verrichtungen, für die Hilfe benötigt werden muß 43

Welche Hilfe erforderlich sein muß 46

Auf diese drei Pflegestufen kommt es an 47

Zusätzlicher Hilfebedarf bei Kindern .. 50

Wenn Sie bereits Leistungen wegen Pflegebedürftigkeit beziehen 51

Wie Pflegebedürftigkeit festgestellt wird 51

Welche Regelung in der privaten Pflegeversicherung gilt 54

Pflege-Fall: Wann Sie als pflegebedürftig gelten

Pflegebedürftig im Sinne des Gesetzes sind Personen, die wegen einer

- körperlichen, geistigen oder seelischen Krankheit oder Behinderung
- für die gewöhnlichen und regelmäßig wiederkehrenden Verrichtungen im Ablauf des täglichen Lebens
- auf Dauer, voraussichtlich für mindestens sechs Monate,
- in erheblichem oder höherem Maße der Hilfe bedürfen.

Wann Krankheiten oder Behinderungen vorliegen

Ursachen der Pflegebedürftigkeit sind Krankheiten und Behinderungen. Das Pflege-Versicherungsgesetz zählt ausdrücklich auf, was im einzelnen dazu zählt:

- Verluste, Lähmungen oder andere Funktionsstörungen am Stütz- und Bewegungsapparat,
- Funktionsstörungen der inneren Organe oder der Sinnesorgane,
- Störungen des Zentralnervensystems wie Antriebs-, Gedächtnis- oder Orientierungsstörungen sowie endogene Psychosen, Neurosen oder geistige Behinderungen.

Die Aufzählung der in Betracht kommenden Krankheits- und Behinderungsgruppen macht deutlich, daß nicht-medizinische Ursachen nicht ausreichen, um eine Pflegebedürftigkeit im Sinne des Pflege-Versicherungsgesetzes anzuerkennen.

Die Aufzählung der Kriterien im Gesetz selbst soll es den Ärzten erleichtern, unter Verwertung des Krankheitsbildes einerseits und der Behandlungs- und Rehabilitationsmöglichkeiten andererseits zu der notwendigen Gesamtbeurteilung zu kommen.

Zugleich wird klargestellt, daß geistig behinderte und seelisch kranke Menschen in gleicher Weise wie Pflegebedürftige als Folge organischer Erkrankungen Leistungen der Pflegeversicherung erhalten können, wenn Hilfebedarf für die gewöhnlichen und regelmäßig wiederkehrenden Verrichtungen im Ablauf des täglichen Lebens auf Dauer besteht.

Wann Hilfsbedürftigkeit „auf Dauer" besteht

Pflegebedürftigkeit ist dadurch gekennzeichnet, daß Hilfsbedürftigkeit auf Dauer besteht. Der Gesetzestext „voraussichtlich für mindestens sechs Monate" präzisiert den Begriff „auf Dauer" in mehrfacher Hinsicht:

Zum einen wird festgelegt, daß nur Zeiträume von mehr als sechs Monaten die Voraussetzung „auf Dauer" erfüllen. Zum anderen wird verdeutlicht, daß bereits vor Ablauf von sechs Monaten eine Entscheidung über das Vorliegen von Pflegebedürftigkeit getroffen werden kann. Es muß allerdings voraussehbar sein, daß der Zustand der Hilfebedürftigkeit länger als sechs Monate andauern wird.

Beispiele:

Dauernde Hilfebedürftigkeit bei einer schweren Krebserkrankung oder bei einer Rückenmarkverletzung mit Lähmung der Arme und Beine.

Hier steht frühzeitig fest, daß trotz des Einsatzes aller medizinischer Behandlungsmöglichkeiten einschließlich der Rehabilitation erhebliche Pflegebedürftigkeit für das weitere Leben bestehen bleiben wird.

Pflegebedürftigkeit auf Dauer ist hier auch dann gegeben, wenn die verbleibende Lebensspanne möglicherweise weniger als sechs Monate beträgt.

Auch schon vor Ablauf von sechs Monaten ist die Anerkennung von Pflegebedürftigkeit möglich. Das gilt für die Fälle, in denen vorhersehbar ist, daß das Ausmaß der Hilfebedürftigkeit zwar verringert werden kann, Hilfebedürftigkeit in erheblichem oder höherem Maße aber über den Zeitraum von sechs Monaten hinaus andauern wird.

Für die Feststellung der konkreten Pflegestufe ist in diesen Fällen von dem Hilfebedarf auszugehen, der nach sechs Monaten voraussichtlich noch besteht. Ist eine weitere Besserung des Zustands zu erwarten, hat der Medizinische Dienst durch Nachuntersuchungen in geeigneten Zeitabständen zu prüfen, ob die zuerkannte Pflegestufe noch vorliegt.

Generell gilt ferner, daß die Pflegebedürftigkeit darauf beruhen muß, daß die Fähigkeit, bestimmte Verrichtungen im Ablauf des täglichen Lebens auszuüben, eingeschränkt oder nicht vorhanden ist. Maßstab der Beurteilung der Pflegebedürftigkeit sind daher ausschließlich die Fähigkeiten zur Ausübung dieser Verrichtungen und nicht Art und Schwere vorliegender Erkrankungen (wie zum Beispiel Krebs oder Aids) oder Schädigungen (wie zum Beispiel Taubheit, Blindheit, Lähmung).

Achtung:

Entscheidungen in einem anderen Sozialleistungsbereich über das Vorliegen einer Behinderung, wie zum Beispiel der Grad der Behinderung oder die Gewährung einer Rente, haben keine bindende Wirkung für die Pflegekasse und sagen auch nichts über das Vorliegen von Pflegebedürftigkeit.

Pflegebedürftigkeit ist auch dann gegeben, wenn der Pflegebedürftige die Verrichtung zwar motorisch ausüben, jedoch deren Notwendigkeit nicht erkennen oder nicht in sinnvolles zweckgerichtetes Handeln umsetzen kann.

Beispiele:

Bei Antriebs- und Gedächtnisstörungen, verminderter Orientierung in der Wohnung oder Umgebung, bei Verwechseln oder Nichterkennen vertrauter Personen sowie bei Störungen der emotionalen Kontrolle.

Die Verrichtungen, für die Hilfe benötigt werden muß

Grundlage für die Feststellung der Pflegebedürftigkeit sind allein die im Gesetz genannten gewöhnlichen und regelmäßig wiederkehrenden Verrichtungen im Ablauf des täglichen Lebens. Diese Verrichtungen sind in vier Gruppen unterteilt:

- Körperpflege
- Ernährung
- Mobilität
- Hauswirtschaftliche Versorgung

Andere Bedarfsbereiche, wie beispielsweise die Kommunikation, können nicht eigenständig berücksichtigt werden. Der Grund: Kommunikation ist für gesunde, kranke und pflegebedürftige Menschen grundsätzlich in gleicher Weise notwendig, so daß eine Abstufung deshalb nicht möglich ist.

Zu den notwendigen Verrichtungen der Körperpflege zählen

- Waschen
- Duschen
- Baden
- Zahnpflege
- Kämmen
- Rasieren
- Darm- oder Blasenentleerung

In die Begutachtung sollen auch die Verrichtungen einbezogen werden, die nicht mehrfach in der Woche, aber dennoch regelmäßig ausgeführt werden müssen. Dazu zählen beispielsweise die Nagelpflege und das Haarewaschen.

Auch Hilfebedarf bei der Körperpflege, der sich aus Störungen der Feinregulation der Nerven oder der Muskulatur ergibt, ist zu berücksichtigen. Hierzu zählen beispielsweise das Rasieren oder Zähneputzen.

Ernährung

Hier setzen die gewöhnlichen und regelmäßig wiederkehrenden Verrichtungen bei der mundgerechten Zubereitung der Nahrung ein. Dazu zählen zum Beispiel

- das Zubereiten belegter Brote
- das Zerkleinern der Nahrungsmittel
- das Bereitstellen behindertengerechter Geschirre oder Eßbestecke

Zur Nahrungszufuhr gehört die Sondenernährung mit ausschließlich flüssigen Nahrungsmitteln.

Beispiel:

Erkrankungen des Magens oder Darms und das Füttern des Pflegebedürftigen.

Der Bereich der Mobilität umfaßt

- das selbständige Aufstehen und Zu-Bett-Gehen
- das An- und Auskleiden
- das Gehen
- das Stehen
- das Treppensteigen
- das Verlassen und Wiederaufsuchen der Wohnung

Bei der Mobilität ist also der Hilfebedarf innerhalb und außerhalb der Wohnung entscheidend. Innerhalb der Wohnung sind alle Hilfeleistungen zu prüfen, die zur Aktivierung des Pflegebedürftigen beitragen. Dazu gehören insbesondere

- das Verlassen und Wiederaufsuchen des Bettes
- Mobilitätshilfen bei bettlägerigen Menschen
- das An- und Ausziehen
- Hilfen beim Gehen, zum Beispiel zur Küche oder zum Badezimmer.

Das Leben der Pflegebedürftigen soll aber nicht auf die Wohnung beschränkt bleiben. Vielmehr muß auch die Möglichkeit bestehen, die Wohnung zu verlassen, um Ärzte, Krankengymnasten, Sprachtherapeuten, Apotheken oder Behörden aufzusuchen.

Es sollen nur solche Verrichtungen außerhalb der Wohnung in die Begutachtung einbezogen werden, die für die Aufrechterhaltung der Lebensführung zuhause unumgänglich sind und das persönliche Erscheinen des Pflegebedürftigen notwendig machen. Weitere Hilfen, wie zum Beispiel bei Spaziergängen oder Besuchen von kulturellen Veranstaltungen, sind zwar wünschenswert, können aber durch die Pflegeversicherung nicht finanziert werden. Vorrangig sind hierbei Hilfen durch Angehörige, ehrenamtliche Helfer oder soziale Hilfsdienste notwendig.

Die hauswirtschaftliche Versorgung umfaßt

- das Einkaufen
- das Kochen
- das Reinigen der Wohnung
- das Spülen
- das Wechseln und Waschen der Wäsche und Kleidung
- das Beheizen der Wohnung

Hilfebedarf allein bei der hauswirtschaftlichen Versorgung führt jedoch nicht zur Anerkennung der erheblichen Pflegebedürftigkeit. Vielmehr ist erforderlich, daß Hilfebedarf in den einzelnen Bereichen der Körperpflege, Ernährung oder Mobilität und zusätzlicher Hilfebedarf bei der hauswirtschaftlichen Versorgung besteht.

Unter dieser Voraussetzung ist die hauswirtschaftliche Versorgung Bestandteil der Pflege. Da hauswirtschaftliche Versorgung schon heute in erheblichem Umfang von ambulanten Pflegediensten erbracht wird, trägt das Pflege-Versicherungsgesetz der gängigen Praxis in vollem Umfang Rechnung.

Welche Hilfe erforderlich sein muß

Die Hilfeleistung im Sinne der Pflegeversicherung ist in zweifacher Weise möglich:

Besteht die Pflegebedürftigkeit als Folge organischer Erkrankungen oder Behinderungen, hat die Pflegeperson für den Pflegebedürftigen die Verrichtungen des täglichen Lebens unmittelbar zu erledigen. Dazu gehören beispielsweise die Hilfen beim Aufstehen und Zu-Bett-Gehen oder das Kochen für den Pflegebedürftigen.

Psychisch kranke und hirnverletzte Menschen sind häufig in der Lage, diese Verrichtungen selbst auszuführen. Es fehlt Ihnen jedoch die Fähigkeit, die Notwendigkeit der genannten Verrichtungen zu erkennen und sie in sinnvolles Handeln umzusetzen.

Die tägliche Verrichtung unterbleibt deshalb, so daß die Gefahr der Verwahrlosung besteht. Andere gefährden sich wegen fehlender Einsicht bei den Verrichtungen des täglichen Lebens durch unsachgemäßen Umgang zum Beispiel mit Strom, Wasser oder offenem Feuer.

Für diesen Personenkreis ist die Anleitung und Beaufsichtigung bei den Verrichtungen des täglichen Lebens erforderlich. Die Anleitung hat zum Ziel, die Erledigung der täglich wiederkehrenden Verrichtungen durch den Pflegebedürftigen im Sinne der Motivierung zur Selbsthilfe sicherzustellen. Durch die Beaufsichtigung wird verhindert, daß sich der Pflegebedürftige gefährdet.

Dieser Aufwand ist für die Pflegenden häufig höher anzusetzen als die Pflegeleistungen bei organisch kranken oder behinderten Personen. Dies gilt besonders dann, wenn die Beaufsichtigung ununterbrochen während des Tages, der Nacht und am Wochenende notwendig ist.

Allerdings kommt es bei der Feststellung der Pflegebedürftigkeit und der Zuordnung in eine Pflegestufe nur auf die erforderliche Anleitung und Beaufsichtigung an, die für die gewöhnlichen und regelmäßig wiederkehrenden Verrichtungen im Ablauf des täglichen Lebens benötigt wird.

Eine darüber hinausgehende Betreuung und allgemeine Beaufsichtigung gehört nicht zu den maßgeblichen Hilfeleistungen. Dies gilt insbesondere für folgende Maßnahmen, die nicht berücksichtigungsfähig sind:

- Maßnahmen zur Durchführung der beruflichen und sozialen Eingliederung
- Maßnahmen der medizinischen Rehabilitation
- Maßnahmen zur Förderung der Kommunikation

Auf diese drei Pflegestufen kommt es an

Je nach Schwere der Erkrankung oder Behinderung ist die Pflegebedürftigkeit in drei Stufen eingeteilt:

- erheblich Pflegebedürftige
- Schwerpflegebedürftige
- Schwerstpflegebedürftige

Pflegestufe I: Erhebliche Pflegebedürftigkeit

Erhebliche Pflegebedürftigkeit liegt vor bei einem mindestens einmal täglich erforderlichen Hilfebedarf bei mindestens zwei Verrichtungen aus einem der mehreren Bereichen der Körperpflege, Ernährung oder Mobilität. Zusätzlich muß mehrfach in der Woche Hilfe bei der hauswirtschaftlichen Versorgung benötigt werden.

Bei psychisch kranken und hirnverletzten Menschen ist mindestens einmal täglich die Notwendigkeit der Beaufsichtigung oder Anleitung zu den Verrichtungen des täglichen Lebens Voraussetzung für die Anerkennung der Pflegestufe I. Hierzu gehört auch der Personenkreis, der zweimal täglich – beispielsweise am Morgen und am Abend – Hilfebedarf hat.

Beispiel:

Es besteht eine fortgeschrittene Gelenksentzündung und -abnutzung mit Unfähigkeit zum Bücken und Heben der Arme über Schulterhöhe.

Hilfebedarf besteht hier bei der Körperpflege (Waschen, Duschen, Baden), der Mobilität (An- und Ausziehen, Verlassen der Wohnung) sowie bei der hauswirtschaftlichen Versorgung (zum Beispiel Reinigen der Böden und Fenster, Tragen von schweren Einkaufstaschen).

Der tägliche Hilfebedarf am Körper entsteht am Morgen und am Abend; tagsüber ist Selbständigkeit gegeben.

Pflegestufe II: Schwerpflegebedürftigkeit

Schwerpflegebedürftigkeit liegt vor bei einem mindestens dreimal täglich zu verschiedenen Tageszeiten erforderlichen Hilfebedarf bei der Körperpflege, der Ernährung oder der Mobilität. Zusätzlich muß mehrfach in der Woche Hilfe bei der hauswirtschaftlichen Versorgung benötigt werden.

Psychisch kranke und hirnverletzte Menschen werden dieser Pflegestufe zugeordnet, wenn sie mindestens dreimal täglich, insbesondere am Morgen, am Mittag und am Abend der Beaufsichtigung und Anleitung bei den regelmäßig wiederkehrenden Verrichtungen des täglichen Lebens bedürfen. Dies kann auch dann zutreffen, wenn sie einen Teil des

Tages beispielsweise in einer Werkstatt für Behinderte verbringen.

Beispiel:

Als Folge eines Schlaganfalls besteht eine schwere Lähmung der rechten Körperhälfte.

Hilfebedarf entsteht bei der Körperpflege (Waschen, Duschen, Baden), der Mobilität (An- und Ausziehen, Aufsuchen der Toilette) und der Ernährung (mundgerechte Zubereitung der Nahrung).

Zusätzlich zu den Hilfeleistungen der Stufe I sind damit auch tagsüber Hilfen notwendig, zum Beispiel bei der Ernährung und dem Aufsuchen der Toilette. Die hauswirtschaftliche Versorgung muß nahezu vollständig übernommen werden.

Pflegestufe III: Schwerstpflegebedürftigkeit

Schwerstpflegebedürftigkeit liegt vor, wenn der Hilfebedarf so groß ist, daß jederzeit eine Pflegeperson unmittelbar erreichbar sein muß, weil der konkrete Hilfebedarf jederzeit und Tag und Nacht anfallen kann (Rund-um-die-Uhr-Betreuung).

Der Hilfebedarf besteht hier auch regelmäßig in der Nacht. Die Zuordnung zur Pflegestufe III erfolgt auch dann, wenn eine ununterbrochene Bereitschaft der Pflegeperson zur Hilfeleistung erforderlich ist. Der Pflegebedürftige kann nicht alleine gelassen werden.

Bei psychisch kranken und hirnverletzten Menschen sind die Voraussetzungen dann erfüllt, wenn der Bedarf an Beaufsichtigung oder Anleitung so groß ist, daß der Pflegebedürftige rund um die Uhr, das heißt auch in der Nacht, beaufsichtigt oder angeleitet werden muß.

Beispiel:

Als Folge einer fortgeschrittenen Abbauerkrankung des Gehirns (Alzheimersche Erkrankung) werden vertraute Gegenstände, wie beispielsweise Kleidungsstücke oder Einrichtungsgegenstände der Wohnung, hinsichtlich Art und Zweckbestimmung nicht mehr erkannt.

Die selbständige Nutzung der Wohnung ist nicht mehr möglich, da der Pflegebedürftige sich im Umgang mit Strom, Wasser, Scheren und anderen Haushaltsgegenständen gefährdet. Auch Treppen und Fenster werden zu Gefahrenquellen. Zeitweise – besonders in der Nacht – besteht starke Unruhe. Der Pflegebedürftige erkennt dann häufig auch seine Angehörigen nicht mehr und versucht, die Wohnung zu verlassen.

Der Hilfebedarf besteht in Anleitung und Beaufsichtigung in nahezu allen Bereichen der Körperpflege, der Mobilität und Ernährung. Die Pflege ist rund um die Uhr notwendig, um zum Beispiel in der Nacht das Umherirren in der Stadt oder die Selbstgefährdung durch alltägliche Gebrauchsgegenstände zu verhindern.

Zusätzlicher Hilfebedarf bei Kindern

Bei Kindern ist für die Zuordnung der zusätzliche Hilfebedarf gegenüber einem gesunden gleichaltrigen Kind maßgebend, wobei hier Pflegestufen nicht festgelegt sind.

Pflegebedürftige Kinder sind zur Feststellung des Hilfebedarfs mit einem gesunden Kind gleichen Alters zu vergleichen. Maßgebend für die Begutachtung eines Antrages auf Pflegeleistungen bei einem Säugling oder Kleinkind ist nicht der natürliche, altersbedingte Pflegeaufwand, sondern nur der darüber hinausgehende Hilfebedarf bei der Ernährung, der Körperpflege und – bei Kindern jenseits des Säuglingsalters – der Mobilität.

Erheblicher Pflegebedarf entsteht zum Beispiel bei kleinen Frühgeborenen nach Intensivbehandlung oder operierten Säuglingen. Diese Kinder benötigen unter Umständen bis zu acht Mahlzeiten pro Tag und haben im Vergleich zu einem gesunden Säugling einen deutlich erhöhten Aufwand bei der Körperpflege.

Wenn Sie bereits Leistungen wegen Pflegebedürftigkeit beziehen

Wenn Sie schon bisher wegen Pflegebedürftigkeit eine Unterstützung von den Krankenkassen erhalten, werden Sie automatisch zunächst einmal in Pflegestufe II eingeordnet und erhalten die entsprechenden Leistungen. Liegt bei Ihnen Schwerstpflegebedürftigkeit vor, werden Sie auf Antrag der Pflegestufe III zugeordnet.

Wenn Sie bereits heute Entschädigungsleistungen wegen Pflegebedürftigkeit erhalten, zum Beispiel nach einem Arbeitsunfall aus der gesetzlichen Unfallversicherung, dann erhalten Sie diese Leistungen auch weiterhin. Diese sind in der Regel umfassender als die Leistungen der Pflegeversicherung.

Wie Pflegebedürftigkeit festgestellt wird

Die Feststellung der Pflegebedürftigkeit ist Aufgabe der Pflegekassen. Nicht nur auf Ihren Antrag als Pflegebedürftiger hin, sondern auch ohne Antrag müssen die Pflegekassen tätig werden, wenn diese von dritter Stelle erfahren, daß Pflegebedürftigkeit droht oder eingetreten ist.

Der Medizinische Dienst der gesetzlichen Krankenversicherung prüft dann zugleich immer auch Möglichkeiten der Rehabilitation sowie die Notwendigkeit der Versorgung mit Pflegehilfsmitteln und technischen Hilfen. Zugleich wird ein individueller Pflegeplan erarbeitet, der den konkreten Hilfebedarf wiedergibt, wie er sich aufgrund der medizinischen Feststellungen und der häuslichen Gegebenheiten ergibt.

Im einzelnen hat der Medizinische Dienst folgende Aufgaben:

- Er hat den Pflegebedürftigen in seinem Wohnbereich zu untersuchen. Die Untersuchung kann ausnahmsweise unterbleiben, wenn aufgrund einer eindeutigen Aktenlage das Ergebnis der medizinischen Untersuchung bereits feststeht.

  Bei den Untersuchungen sind neben den medizinischen Aspekten auch Feststellungen zur häuslichen Pflege- und Versorgungssituation und zum sozialen Umfeld des Pflegebedürftigen zu treffen. Dabei ist vor allem auch auf besondere Belastungen bei der Pflegetätigkeit aufgrund der Gesamtsituation zu achten.
- Er hat Feststellungen darüber zu treffen, ob und in welchem Umfang Maßnahmen zur Beseitigung, Minderung oder Vermeidung einer noch zunehmenden Pflegebedürftigkeit einschließlich der medizinischen Rehabilitation geeignet sind. Dabei wird auch geprüft, ob durch rehabilitative Maßnahmen die Pflege für die Pflegeperson erleichtert werden kann.
- Er soll sich ein umfassendes Bild von dem Pflegebedürftigen machen. Soweit der Versicherte einwilligt, sollen seine behandelnden Ärzte, insbesondere die Hausärzte, in die Begutachtung einbezogen und ärztliche Auskünfte und Unterlagen über die für die Begutachtung der Pflegebedürftigkeit wichtigen Vorerkrankungen sowie Art, Umfang und Dauer der Hilfebedürftigkeit eingeholt werden. Dadurch sollen unnötige Doppeluntersuchungen vermieden werden.
- Er stellt einen Pflegeplan auf, der den konkreten Hilfebedarf und die erforderlichen Hilfsmaßnahmen nennt, wie sie sich aufgrund der medizinischen Feststellungen

und der häuslichen Gegebenheiten des Pflegebedürftigen ergeben.

- Er hat der Pflegekasse das Ergebnis der Untersuchung mitzuteilen. Dazu gehört nicht nur die Angabe darüber, ob Pflegebedürftigkeit und welche Pflegestufe der Pflegebedürftigkeit im konkreten Fall vorliegen. Es sind auch der medizinische Befund mitzuteilen sowie die Feststellungen zur tatsächlich gegebenen Versorgungssituation des Pflegebedürftigen, insbesondere auch zu seiner Wohnsituation.

Die Aufgaben des Medizinischen Dienstes werden durch Ärzte in enger Abstimmung und Zusammenarbeit mit Pflegefachkräften und anderen geeigneten Fachkräften wahrgenommen. Pflegefachkräfte sind in der Regel Personen, die in der Krankenpflege, Kinderkrankenpflege oder Altenpflege ausgebildet sind und die notwendige Berufserfahrung besitzen, die für die Übernahme der pflegerischen Gesamtverantwortung unerläßlich ist.

Aufgabe der Pflegefachkraft ist es, alle für die Beurteilung der Pflege erforderlichen Feststellungen zu treffen, insbesondere

- ermittelt sie den konkreten Hilfebedarf auf der Grundlage der Verrichtungen des täglichen Lebens,
- beurteilt sie die Pflegesituation im häuslichen Zusammenhang und entwirft den individuellen Pflegeplan.

Andere Fachkräfte haben entsprechend ihrer Aufgabenstellung die Feststellungen des Arztes und der Pflegefachkraft erforderlichenfalls zu ergänzen, insbesondere bei speziellen Fragestellungen

- im Rahmen der Beurteilung von Pflegehilfsmitteln,
- zu technischen Hilfen,
- zu Maßnahmen der Verbesserung des Wohnumfeldes.

Die Pflegekasse teilt dem Versicherten ihre Entscheidung über das Vorliegen von Pflegebedürftigkeit und der Pflegestufe auf der Grundlage der Begutachtung des Medizinischen Dienstes mit.

Wird im Rahmen eines Widerspruchsverfahrens nach Auffassung der Pflegekasse eine erneute Begutachtung erforderlich, erhält der Medizinische Dienst den Begutachtungsauftrag zusammen mit einer Kopie des Widerspruchsschreibens. Aufgrund dieser Unterlagen hat zunächst der Erstgutachter zu beurteilen, ob er aufgrund neuer Aspekte in seinem Gutachten zu einem anderen Ergebnis kommt.

Revidiert der Erstgutachter seine Entscheidung nicht, ist das Zweitgutachten von einem anderen Gutachter zu erstellen. Die zweite Begutachtung hat ebenfalls in häuslicher Umgebung stattzufinden, es sei denn, daß in dem Erstgutachten die häusliche Umgebung ausreichend begutachtet wurde. Die Argumente zur Entscheidungsfindung müssen in dem (erneuten) Gutachten nachvollziehbar sein.

Welche Regelung in der privaten Pflegeversicherung gilt

Für die Begutachtungen in der privaten Pflegeversicherung ist der Medizinische Dienst der gesetzlichen Krankenversicherungen nicht zuständig. Allerdings erfolgt auch hier die Feststellung der Pflegebedürftigkeit durch einen Arzt oder Medizinischen Dienst, der von der Versicherungsgesellschaft beauftragt wurde. Dabei ist davon auszugehen, daß die privaten Versicherungsgesellschaften die gleichen Richtlinien zugrunde zu legen haben, wie sie die gesetzlichen Krankenversicherungen entwickelt haben.

Diese Leistungen können Sie beanspruchen

5

Pflegesachleistungen für häusliche Pflegehilfe 56
Pflegegeld für selbstbeschaffte Pflegehilfen 59
Kombination von Geldleistung und Sachleistung 61
Häusliche Pflege bei Verhinderung der Pflegeperson 62
Pflegehilfsmittel und technische Hilfen 64
Tages- und Nachtpflege 67
Kurzzeitpflege 68
Vollstationäre Pflege 70
Wann Sie Anspruch auf die Pflegeleistungen haben 72
Diese Regelungen gelten bei der privaten Pflegeversicherung 74

Diese Leistungen können Sie beanspruchen

Leistungen aus der Pflegeversicherung gibt es in zwei Stufen:

- Die ambulanten Leistungen werden zum 1. 4. 1995, also drei Monate nach Beginn der Beitragszahlungen, eingeführt.
- Die stationären Leistungen werden zum 1. 7. 1996 eingeführt.

Zwei Grundsätze sind dabei von Bedeutung: Die ambulante Pflege in der eigenen Wohnung hat Vorrang vor der stationären Pflege, und die Vorbeugung (Prävention) hat Vorrang vor der Rehabilitation. Auch wenn jemand schon pflegebedürftig ist, soll alles daran gesetzt werden, ihm die Fähigkeiten zur selbstbestimmten und selbständigen Lebensführung zurückzugeben.

Unterscheiden Sie im einzelnen die folgenden acht Leistungsarten:

- Pflegesachleistungen von 750 bis 2100 DM monatlich (Pflege durch gelernte Kräfte)
- Pflegegeld von 400 bis 1300 DM monatlich für selbstbeschaffte Pflegehilfen (Angehörige, Freunde, Nachbarn)
- Kombination von Sach- und Geldleistungen
- Häusliche Pflege bei Verhinderung der Pflegeperson (Urlaub, Krankheit) bis zu 2800 DM im Monat
- Pflegehilfsmittel und technische Hilfen
- Tagespflege und Nachtpflege
- Vollstationäre Kurzzeitpflege
- Vollstationäre Pflege bis zu 3300 DM monatlich (ab 1. 7. 1996)

Pflegesachleistungen für häusliche Pflegehilfe

Entsprechend Ihrer Pflegestufe (I, II oder III) erhalten Sie häusliche Pflegehilfe bis zu einem Gesamtwert von 2800 DM, in Härtefällen auch darüber hinaus bis zu 3750 DM monatlich.

Diese Leistungen umfassen

- die Grundpflege und
- die hauswirtschaftliche Versorgung

Im einzelnen orientiert sich der Umfang der Hilfeleistung an den gewöhnlich und regelmäßig wiederkehrenden Verrichtungen im Ablauf des täglichen Lebens. Erfaßt werden hier die Bereiche

- Körperpflege
- Ernährung
- Mobilität

Die häusliche Pflege muß nicht notwendig in Ihrer häuslichen Wohnung gewährt werden. Vielmehr kann sie auch in einem anderen Haushalt erbracht werden.

Beispiel:

Die häusliche Pflege wird in der Wohnung der Pflegeperson, die Sie aufgenommen hat, geleistet.

Daneben kann die häusliche Hilfe beispielsweise auch

- in einem Altenheim
- in einem Behindertenheim
- in einer Wohngemeinschaft

erbracht werden. Voraussetzung ist stets, daß die jeweilige Wohnmöglichkeit durch den Charakter häuslicher Pflege geprägt ist. So muß beispielsweise bei einer Unterbringung in einem Altenheim eine klare Trennung von einem möglicherweise im gleichen Haus untergebrachten Pflegeheim gegeben sein. Die Leistungen in der häuslichen Pflege werden nach dem Grad der Pflegebedürftigkeit gestaffelt, wobei die Zahl der Pflegeeinsätze im Gesetz weder genannt noch in irgendeiner Weise konkretisiert wird.

Der Anspruch auf häusliche Pflegehilfe umfaßt pro Monat für Pflegebedürftige

- der Pflegestufe I (erheblich Pflegebedürftige) Pflegeeinsätze bis zu einem Gesamtwert von 750 DM
- der Pflegestufe II (Schwerpflegebedürftige) Pflegeeinsätze bis zu einem Gesamtwert von 1800 DM
- der Pflegestufe III (Schwerstpflegebedürftige) Pflegeeinsätze bis zu einem Gesamtwert von 2800 DM

Soweit die Pflegekosten darüber hinaus gehen, kommt im Rahmen der Bedürftigkeit die Übernahme durch einen anderen Leistungsträger oder regelmäßig den Sozialhilfeträger in Betracht.

In besonderen Härtefällen können Pflegeeinsätze bis zu einem Gesamtwert von 3750 DM beansprucht werden. Aber auch das wird nicht ausreichen, wenn Schwerstpflegebedürftige rund um die Uhr versorgt werden müssen und mehrere Pflegekräfte und Hilfen erforderlich sind. Hier wird es immer erforderlich sein, die Hilfen anderer Leistungsträger in Anspruch zu nehmen.

Ein Härtefall ist anzunehmen

- wenn ein außergewöhnlich hoher Pflegeaufwand vorliegt,
- der das übliche Maß der Pflegestufe III weit übersteigt, und
- bei dem regelmäßig mehrfach auch in der Nacht Hilfe geleistet werden muß.

Praktisch ist eine Rund-um-die-Uhr-Versorgung oder Beaufsichtigung erforderlich. Als Beispiel nennt das Gesetz das Endstadium von Krebserkrankungen.

Die Leistungen in der häuslichen Pflege werden durch geeignete Pflegekräfte erbracht. In Betracht kommen nur besonders qualifizierte Pflegefachkräfte, die bei der Pflegekasse angestellt sind oder die einer zugelassenen Pflegeeinrichtung angehören oder die mit der Pflegekasse einen speziellen Vertrag abgeschlossen haben.

Pflegegeld für selbstbeschaffte Pflegehilfen

Anstelle von häuslicher Pflege können Sie auch ein pauschales Pflegegeld in Höhe von bis zu 1300 DM monatlich beanspruchen. Es muß allerdings gewährleistet sein, daß Sie die Grundpflege und hauswirtschaftliche Versorgung durch eine Pflegeperson selbst sicherstellen.

Die Höhe des Pflegegeldes ist abhängig vom Grad der Pflegebedürftigkeit. Das Pflegegeld beträgt monatlich

- in der Pflegestufe I (erheblich Pflegebedürftige) 400 DM
- in der Pflegestufe II (Schwerpflegebedürftige) 800 DM
- in der Pflegestufe III (Schwerstpflegebedürftige) 1300 DM

Das Pflegegeld soll kein Entgelt für die von der Pflegeperson oder den Pflegepersonen erbrachten Pflegeleistungen darstellen. Vielmehr soll es Sie in den Stand versetzen, Angehörigen und sonstigen Pflegepersonen eine materielle Anerkennung für die mit großem Einsatz und Opferbereitschaft im häuslichen Bereich sichergestellte Pflege zukommen zu lassen. Das Pflegegeld bietet somit einen Anreiz zur Erhaltung der Pflegebereitschaft der Angehörigen, Freunde oder Nachbarn.

Achtung:

Falls Sie mit Ihrer Pflegeperson einen Arbeitsvertrag abschließen, in dem Art und Umfang der Pflegeleistungen sowie die Höhe der Vergütung geregelt werden, gelten Sie steuerrechtlich und sozialversicherungsrechtlich als Arbeitgeber. Das bedeutet: Sie sind verpflichtet, die Sozialabgaben wie die Beiträge zur Renten-, Arbeitslosen- und Krankenversicherung und auch jene zur Pflegeversicherung für die von Ihnen angestellte Pflegekraft abzuführen. Und Ihre Pflegekraft ist verpflichtet, das Gehalt zu versteuern. Diese Folgen treten nicht ein, wenn Sie ehrenamtlich gepflegt werden, Ihrer Pflegeperson als Anerkennung aber gewisse Geldbeträge zukommen lassen.

Häusliche Pflege wird nicht dadurch ausgeschlossen, daß Sie in einem Altenwohnheim, Altenheim, einem Wohnheim für Behinderte oder einer vergleichbaren Behinderteneinrichtung wohnen. Benötigen Sie in einer solchen Einrichtung Pflegeleistungen, soll es Ihnen möglich sein, mit Hilfe des Pflegegeldes die Pflege selbst durch ehrenamtliche Pflegepersonen oder durch den Einkauf professioneller Hilfe sicherzustellen.

Das Pflegegeld wird regelmäßig monatlich gezahlt. Besteht der Anspruch auf Pflegegeld allerdings nicht für den vollen Monat, so wird das Pflegegeld entsprechend gekürzt.

Beispiel:

Sie haben ab 16. Januar Anspruch auf Pflegegeld. Dann wird Ihnen der Geldbetrag für diesen Monat auch nur anteilig ausgezahlt.

Wenn Sie Pflegegeld beziehen, sind Sie verpflichtet, je nach dem Grad Ihrer Pflegebedürftigkeit

- mindestens einmal halbjährlich bei der Pflegestufe I und II
- mindestens einmal vierteljährlich bei der Pflegestufe III

einen Pflegeeinsatz durch eine zugelassene Pflegeeinrichtung, wie beispielsweise eine Sozialstation, abzurufen.

Diese regelmäßige Einschaltung professioneller Pflegekräfte soll der Entlastung der pflegenden Familienangehörigen dienen und die Qualität der häuslichen Pflege sichern. Defizite in der häuslichen Pflege können so frühzeitig entdeckt und behoben werden.

Die Pflegekraft, die beispielsweise rechtzeitig eine gesundheitliche Überforderung der Pflegeperson bemerkt, kann durch Beratung und Hilfestellung, durch Hinweise auf Pflegekurse, Tagespflege und so weiter auf eine Entlastung der Pflegeperson hinwirken und damit die häusliche Pflege weiterhin ermöglichen und eine stationäre Pflege verhindern.

Achtung:

Sie müssen den entsprechenden Pflegeeinsatz nachweisen, in dem Sie der Pflegekasse eine Rechnung über die Kosten des Einsatzes vorlegen. Kommen Sie Ihrer Nachweispflicht nicht nach, wird das Pflegegeld gekürzt.

Kombination von Geldleistung und Sachleistung

Als weitere Pflegeleistung sieht das Gesetz eine Kombination aus Pflegesachleistung und Pflegegeld vor. Schöpfen Sie den Ihnen nach dem Grad Ihrer Pflegebedürftigkeit zustehenden Umfang der Sachleistung nicht aus, so haben Sie daneben Anspruch auf anteiliges Pflegegeld.

Der Anteil berechnet sich nach dem Verhältnis zwischen dem jeweiligen Höchstbetrag der Sachleistung und dem tatsächlich in Anspruch genommenen Betrag. Entsprechend diesem Verhältnis ist das Pflegegeld anteilig auszuzahlen.

Beispiel 1:

Ihre Pflegebedürftigkeit ist der Pflegestufe I zugeordnet. Sie nehmen Sachleistungen im Werte von 500 DM in Anspruch. Der Ihnen zustehende Höchstbetrag beläuft sich auf 750 DM.

Sie haben somit die Sachleistungen zu rund 66 % ausgeschöpft. Von dem entsprechenden Pflegegeld stehen Ihnen dann noch rund 33 % von 400 DM zu. Das sind (gerundet) 133 DM.

Beispiel 2:

Ihre Pflegebedürftigkeit ist der Pflegestufe II zugeordnet. Sie haben Sachleistungen in Höhe von 800 DM in Anspruch genommen. Der Höchstbetrag beläuft sich auf 1800 DM.

Somit haben Sie rund 44 % der Sachleistung in Anspruch genommen. Das bedeutet, daß Ihnen vom Pflegegeld noch 46 % von 800 DM, also 368 DM, zustehen.

Beispiel 3:

Ihre Pflegebedürftigkeit ist der Pflegestufe III zugeordnet. Sie nehmen Pflegesachleistungen in Höhe von 3960 DM monatlich in Anspruch.

Ein Pflegegeld können Sie hier nicht mehr beanspruchen. Dies ist dadurch ausgeschlossen, daß Sie bei der Pflegesachleistung bereits die maximale Höhe (3750 DM) überschreiten.

Achtung:

An die gewählte Kombination sind Sie für die Dauer von sechs Monaten gebunden. Dadurch soll ein unvertretbar hoher Verwaltungsaufwand der Pflegekassen vermieden werden. Die Sechsmonatsfrist gilt (nur) für den Regelfall. Insbesondere bei unvorhersehbaren Veränderungen kann die Kombination mit sofortiger Wirkung geändert werden.

Häusliche Pflege bei Verhinderung der Pflegeperson

Neben den bereits genannten Leistungen erhalten Sie bei Pflegebedürftigkeit je Kalenderjahr für die Dauer von bis zu vier Wochen die Kosten für eine Ersatzpflegekraft. Voraussetzung hierfür ist:

- die Pflegeperson fällt aus und kann Sie deshalb nicht mehr weiter pflegen,

- die Pflegeperson hat Sie zuvor mindestens zwölf Monate in Ihrer häuslichen Umgebung gepflegt, und
- die Aufwendungen der Pflegekasse überschreiten im Einzelfall 2800 DM im Kalenderjahr nicht.

Mit dieser Regelung wird dem Umstand Rechnung getragen, daß den Pflegepersonen bei der Pflege ein erhebliches Ausmaß an psychischen und physischen Anstrengungen abverlangt wird. Hinzu kommt, daß viele Pflegepersonen oft selbst schon im fortgeschrittenen Alter und nicht mehr gesund sind.

Erkrankt die Pflegeperson oder fährt sie in Erholungsurlaub, gerade auch um neue Kräfte für die Fortsetzung der Pflegetätigkeit zu sammeln, soll dies nicht dazu führen, daß der Pflegebedürftige in stationäre Pflege überwechseln muß. Gleiches gilt bei anderen wichtigen Gründen, wie Erkrankung von nahen Angehörigen der Pflegeperson.

Pflegepersonen sind Personen, die nicht erwerbsmäßig einen Pflegebedürftigen wenigstens 14 Stunden wöchentlich in seiner häuslichen Umgebung pflegen. Dabei kann es sich um Familienangehörige, Nachbarn, Freunde oder sonstige ehrenamtliche Helfer handeln.

Achtung:

Jugendliche im freiwilligen sozialen Jahr und Zivildienstleistende, die eine Pflegetätigkeit ausüben, zählen nicht dazu.

Der Mindestumfang von 14 Stunden wöchentlich kann auch bei Inanspruchnahme der häuslichen Pflegehilfe oder der Kombinationsleistung sowie bei Tages- oder Nachtpflege gegeben sein. Berücksichtigt wird nicht nur die Arbeitszeit, die aufgrund Pflege und hauswirtschaftlicher Versorgung anfällt, sondern auch die Arbeitszeit, die für ergänzende Pflege und Betreuung erforderlich ist.

Praxis-Tip:

Auch Berufstätige kommen als Pflegeperson in Betracht. Voraussetzung ist allerdings, daß eine angemessene Versorgung und Betreuung des Pflegebedürftigen trotz der Berufstätigkeit sichergestellt ist.

Die Pflegeperson muß wegen Urlaubs-, Krankheits- oder aus anderen Gründen an der Pflege gehindert sein. Maßgeblich ist die Verhinderung der Pflegeperson. „Erholungsurlaub" und „Krankheit" sind nur zwei beispielhaft genannte Gründe für eine Verhinderung. Weitere Gründe können insbesondere berufs- und ausbildungsbedingt sein.

Die Pflegeperson, für die eine Ersatzpflegekraft engagiert wird, muß mindestens zwölf Monate in Ihrer häuslichen Umgebung pflegerisch tätig gewesen sein. Nur dann können Sie die Kosten einer Ersatzkraft beanspruchen. Es ist allerdings nicht erforderlich, daß die Pflegeperson Sie vor jeder neuen Unterbrechung der Pflegetätigkeit wiederum zwölf Monate lang gepflegt haben muß.

Liegen sämtliche Voraussetzungen vor, haben Sie für die Dauer von bis zu vier Wochen je Kalenderjahr Anspruch auf eine Ersatzpflegekraft. Dies gilt unabhängig davon, ob Sie Pflegegeld bezogen haben. Der Anspruch kann auch mehrfach pro Jahr geltend gemacht werden. Die kürzeste Zeitspanne ist ein Tag.

Der Höchstbetrag beläuft sich auf 2800 DM. Bei diesem Betrag wird nicht nach den drei Pflegestufen unterschieden, vielmehr wird er in allen drei Pflegestufen gleichermaßen gewährt.

Pflegehilfsmittel und technische Hilfen

Bei Pflegebedürftigkeit haben Sie Anspruch auf Versorgung mit Pflegehilfsmitteln, die

- der Erleichterung der Pflege dienen,
- zur Linderung der Beschwerden beitragen, oder
- Ihnen eine selbständigere Lebensführung ermöglichen,

soweit die Hilfsmittel nicht wegen Krankheit oder Behinderung von der Krankenversicherung oder anderen Leistungsträgern zu leisten sind. Die Pflegekasse überprüft die Notwendigkeit der Versorgung mit Pflegehilfsmitteln unter Beteiligung einer Pflegefachkraft oder des Medizinischen Dienstes.

Zu den Hilfsmitteln gehören die zum Verbrauch bestimmten Pflegehilfsmittel, wie beispielsweise Desinfektionsmittel und Unterlagen und technische Hilfsmittel. Zu letzteren zählen beispielsweise Pflegebetten und Hausnotrufanlagen.

Achtung:

Eine ärztliche Verordnung der Hilfsmittel ist nicht erforderlich. Hilfsmittel, die zum täglichen Lebensbedarf gehören, werden nicht berücksichtigt, auch wenn sie die Pflege erleichtern.

Technische Hilfsmittel sind häufig teuer, zeigen aber oft auch bei längerem Gebrauch kaum Abnutzungserscheinungen. Zur Kostenverringerung sollen sie deshalb, soweit dies möglich ist, den Pflegebedürftigen leihweise überlassen werden.

Die Hilfsmittel erfüllen ihren Zweck nur, wenn sie von Ihnen und Ihren Pflegepersonen bestimmungsgemäß gebraucht werden können. Hierfür bedarf es der Anleitung durch fachkundiges Personal, das darüber hinaus die Hilfsmittel, bei denen es nötig ist, dem Pflegebedürftigen auch anpassen muß.

Praxis-Tip:

Zum Anspruch auf Versorgung mit Hilfsmitteln gehört neben der Anpassung der Hilfsmittel an bestimmte Erfordernisse des Pflegebedürftigen, der Pflegepersonen oder der häuslichen Umgebung auch die Instandsetzung und der Ersatz.

Die Pflegekassen haben die Möglichkeit, Zuschüsse bis zu einem Betrag von 5000 DM je Maßnahme zur Verbesserung des individuellen Wohnumfeldes zu gewähren. Es handelt sich hierbei um technische Hilfen im Haushalt, aber auch um Umbaumaßnahmen, wie beispielsweise die Verbreiterung von Türen, den Einbau einer Dusche oder eines Treppenliftes. Aber auch für einfache technische Hilfen, wie beispielsweise Haltegriffe oder mit dem Rollstuhl unterfahrbare Einrichtungsgegenstände, kann ein Zuschuß gezahlt werden.

Voraussetzung ist stets, daß dadurch im Einzelfall die häusliche Pflege überhaupt erst ermöglicht oder erheblich erleichtert wird oder Ihr Verbleiben in Ihrer häuslichen Umgebung und damit eine möglichst selbständige Lebensführung sichergestellt werden kann.

Die Aufwendungen der Pflegekassen für die zum Verbrauch bestimmten Hilfsmittel dürfen monatlich den Betrag von 60 DM nicht übersteigen. Für technische Hilfsmittel gilt folgende Regelung: Versicherte, die das 18. Lebensjahr vollendet haben, müssen zu den Kosten der technischen Hilfsmittel 10%, höchstens jedoch 50 DM je Hilfsmittel, zuzahlen. Zur Vermeidung von Härten kann die Pflegekasse Sie ganz oder teilweise von der Zahlung befreien.

Eine vollständige Befreiung von der Zuzahlung können Sie verlangen, wenn Sie dadurch unzumutbar belastet würden. Eine unzumutbare Belastung liegt vor, wenn

- Ihre monatlichen Bruttoeinnahmen zum Lebensunterhalt 40% der monatlichen Bezugsgröße nicht überschreiten. Für Ihren Ehegatten erhöht sich der Betrag um 15% und für jeden weiteren im gemeinsamen Haushalt lebenden Angehörigen um 10% der monatlichen Bezugsgröße;
- Sie Hilfe zum Lebensunterhalt nach Sozialhilfe-Grundsätzen oder im Rahmen der Kriegsopferfürsorge, Arbeits-

losenhilfe, Ausbildungsförderung oder im Rahmen der individuellen Förderung der beruflichen Ausbildung oder der Arbeits- und Berufsförderung Behinderter erhalten.

Tages- und Nachtpflege

Wenn häusliche Pflege nicht in ausreichendem Umfang sichergestellt ist, haben Sie Anspruch auf teilstationäre Pflege in Einrichtungen der Tages- oder Nachtpflege. Das sind stationäre Pflegeeinrichtungen, in denen Pflegebedürftige nur tagsüber oder nur nachts gepflegt werden. Die teilstationäre Pflege umfaßt auch die notwendige Beförderung von der Wohnung zur Einrichtung der Tagespflege oder der Nachtpflege und zurück.

Durch die Tagespflege wird erreicht, daß

- tagsüber eine angemessene Pflege und Betreuung sichergestellt ist,
- die Angehörigen wirksam entlastet werden und auch ihrer Berufstätigkeit nachgehen können,
- Ihre soziale Kommunikation gefördert und erhalten wird und
- die Möglichkeit einer aktivierenden Pflege und medizinischen Rehabilitation zur Minderung der Pflegebedürftigkeit besteht.

Der Grund für diese Regelung: Häusliche Pflege kann nur dann Vorrang vor stationärer Pflege haben, wenn für Pflegebedürftige und ihre Pflegepersonen Leistungen angeboten werden, die Sie beispielsweise in Krisensituationen entlasten und Ihnen andere Auswege als die vollstationäre Pflege aufzeigen. Durch den Ausbau der Tagespflege kann außerdem erreicht werden, daß Rehabilitationsmaßnahmen voll ausgenutzt werden.

Die teilstationären Einrichtungen müssen die tägliche Hin- und Rückfahrt des Pflegebedürftigen organisatorisch sicherstellen, soweit die Beförderung nicht von Angehörigen durchgeführt werden kann. Die Pflegekassen übernehmen die Aufwendungen für die Fahrdienste der Einrichtung im Rahmen bestimmter Wertgrenzen.

Die Leistungshöhe ist nach dem Grad der Pflegebedürftigkeit entsprechend der Pflegesachleistung gestaffelt. Die Leistungen im Rahmen der Tages- und Nachtpflege sind auch neben der Pflegesachleistung und dem Pflegegeld möglich, wenn der für die jeweilige Pflegestufe vorgesehene Höchstwert nicht ausgeschöpft wird. Die Höhe des anteiligen Pflegegeldes wird wie das anteilige Pflegegeld bei der Kombinationsleistung berechnet.

Die Pflegekasse übernimmt die Aufwendungen der teilstationären Pflege pro Monat wie folgt:

- In der Pflegestufe I (erheblich Pflegebedürftige) im Wert von bis zu 750 DM.
- In der Pflegestufe II (Schwerpflegebedürftige) im Wert von bis zu 1500 DM.
- In der Pflegestufe III (Schwerstpflegebedürftige) im Wert von bis zu 2100 DM.

Auch häusliche Pflege und teilstationäre Leistungen können nebeneinander in Anspruch genommen werden. Die Aufwendungen dürfen dann jedoch insgesamt pro Monat den bei der häuslichen Pflegehilfe für die jeweilige Pflegestufe vorgesehenen Gesamtwert nicht übersteigen. Das sind in

Pflegestufe I 750 DM
Pflegestufe II 1800 DM
Pflegestufe III 2800 DM.

Kurzzeitpflege

Kann die häusliche Pflege zeitweise nicht, noch nicht oder nicht im erforderlichen Umfang erbracht werden und reicht auch die teilstationäre Pflege nicht aus, haben Sie Anspruch auf Pflege in einer vollstationären Einrichtung. Dies gilt in folgenden Fällen:

- Im Anschluß an eine stationäre Behandlung für eine Übergangszeit oder
- in sonstigen Krisensituationen, in denen vorübergehend häusliche oder teilstationäre Pflege nicht möglich oder nicht ausreichend ist und die Pflegeperson Sie zuvor mindestens zwölf Monate in Ihrer häuslichen Umgebung gepflegt hat.

In Betracht kommt die Kurzzeitpflege für eine Übergangszeit nach stationärer Behandlung in einem Krankenhaus oder einer Rehabilitationseinrichtung, wenn etwa für die häusliche Pflege in Ihrer Wohnung noch Umbaumaßnahmen erforderlich sind oder die Pflegeperson die Pflege noch nicht sofort übernehmen kann.

Sie ist ebenfalls möglich für die Zeit der Krankheit, des Urlaubs oder einer sonstigen Verhinderung der Pflegeperson, wenn diese Zeiten nicht mit einer Ersatzpflegekraft überbrückt werden können. Entsprechendes gilt in Krisenzeiten, zum Beispiel bei völligem Ausfall der bisherigen Pflegeperson oder kurzfristiger erheblicher Verschlimmerung der Pflegebedürftigkeit.

Der Einsatz von Kurzzeitpflege ist auf vier Wochen pro Kalenderjahr beschränkt. Zugleich werden die Aufwendungen auf einen Höchstbetrag von 2800 DM begrenzt.

Praxis-Tip:

Es ist nicht etwa so, daß die Kurzzeitpflege nur einmal jährlich und auch immer nur in einem zusammenhängenden Zeitraum möglich ist. Vielmehr ist auch eine Aufteilung in Tage oder Wochen zulässig.

Ebensowenig ist notwendig, daß die Aufwendungen gleichmäßig auf die einzelnen Wochen/Tage verteilt werden, also etwa auf 100 DM pro Tag bei maximal 2800 DM in vier

Wochen. Genausogut ist es möglich, einen Großteil der Aufwendungen für einen verhältnismäßig kurzen Zeitraum in Anspruch zu nehmen, wenn dies für eine außerordentlich intensive Betreuung erforderlich ist.

Beispiel:

Sie machen für eine höchst intensive Kurzzeitpflege von einer Woche Dauer Aufwendungsersatz in Höhe von 1400 DM geltend. Wenn Sie im weiteren Verlauf des Kalenderjahrs erneut Kurzzeitpflege von dann noch maximal drei Wochen beanspruchen, ist nur noch ein Aufwendungsersatz von maximal 1400 DM möglich, egal wie intensiv die Kurzzeitpflege dann ausfällt.

Vollstationäre Pflege

Bei Pflegebedürftigkeit haben Sie Anspruch auf Pflege in vollstationären Einrichtungen, wenn häusliche oder teilstationäre Pflege nicht möglich ist oder wegen der Besonderheit des Falles nicht in Betracht kommt.

Das bedeutet: Dieser Anspruch ist nachrangig gegenüber anderen Pflegeleistungen, nämlich gegenüber

- der häuslichen Pflege oder
- der teilstationären Pflege (Tages- und Nachtpflege beziehungsweise Kurzzeitpflege)

Nur wenn diese Pflegearten nicht möglich oder nicht ausreichend sind oder wegen Besonderheit des einzelnen Falles nicht in Betracht kommen, besteht der Anspruch auf vollstationäre Pflege.

Ein Fall, in dem trotz grundsätzlich möglicher häuslicher Pflege ein Anspruch auf vollstationäre Pflege in Betracht kommt, ist gegeben, wenn die gezielte Förderung eines Behinderten eine Eingliederungsmaßnahme in einer stationären Einrichtung erforderlich macht. Die Pflegekasse prüft die Voraussetzungen mit Hilfe des Medizinischen Dienstes der Krankenversicherung und der Angaben des Pflegebedürftigen und seiner Pflegeperson.

Achtung:

Die vollstationäre Pflege wird erst ab 1.7.1996 erbracht. Davon zu unterscheiden ist die teilstationäre Pflege in Form einer Tages- oder Nachtpflege beziehungsweise die Kurzzeitpflege (maximal vier Wochen), die bereits ab 1.4.1995 in Anspruch genommen werden können.

Die Pflegekasse übernimmt die pflegebedingten Aufwendungen bis zu 2800 DM monatlich. Die jährlichen Ausgaben dürfen im Durchschnitt 30000 DM je Pflegebedürftigen nicht übersteigen. Das entspricht einem Durchschnittsbetrag von 2500 DM monatlich.

Pflegebedingt sind die Aufwendungen für all jene Pflegeleistungen der Pflegeeinrichtung, die für die Versorgung der Pflegebedürftigen nach Art und Schwere ihrer Pflegebedürftigkeit erforderlich sind. Das sind die sogenannten allgemeinen Pflegeleistungen.

Weitere Aufwendungen, die entstehen können, beispielsweise für Unterkunft und Verpflegung und für Zusatzleistungen, haben Sie selbst zu tragen. Die Kosten für eine vollstationäre Pflege sind deshalb in die drei Kostenbereiche aufzuteilen:

- allgemeine Pflegeleistungen
- Leistungen bei Unterkunft und Verpflegung
- Zusatzleistungen

Ausschließlich der Kostenbereich „allgemeine Pflegeleistungen" fällt in die Pflegeversicherung.

Bei Pflegebedürftigen der Pflegestufe III (Schwerstpflegebedürftige) können die Pflegekassen in besonderen Ausnahmefällen zur Vermeidung von Härten pflegebedingte Aufwendungen bis zu 3300 DM monatlich übernehmen. Voraussetzung ist allerdings, daß ein außergewöhnlich hoher und intensiver Pflegeaufwand erforderlich ist, der das übliche Maß der Pflegestufe III weit übersteigt.

Beispiel:

Pflegebedürftigkeit im Endstadium von Krebserkrankungen.

Achtung:

Nehmen Sie vollstationäre Pflege in Anspruch, obwohl dies nicht erforderlich ist, wird der jeweilige Höchstbetrag für Pflegesachleistungen bei häuslicher Pflege als Zuschuß gezahlt. Das sind maximal 2800 DM pro Monat.

Wann Sie Anspruch auf die Pflegeleistungen haben

Die Leistungen der Pflegeversicherung werden auf Antrag gewährt, und zwar ab Antragstellung, frühestens jedoch von dem Zeitpunkt an, in dem die Anspruchsvoraussetzungen vorliegen. Wird der Antrag später als einen Monat nach Eintritt der Pflegebedürftigkeit gestellt, werden die Leistungen von Beginn des Monats der Antragstellung an gewährt.

Beispiel 1:

Am 2. Januar tritt Pflegebedürftigkeit ein. Am 17. Januar stellen Sie den Antrag auf Leistungen aus der Pflegeversicherung. Dann werden Ihnen die Leistungen rückwirkend ab 2. Januar gewährt.

Beispiel 2:

Pflegebedürftigkeit tritt am 2. Januar ein. Den Antrag auf Leistungen aus der Pflegeversicherung stellen Sie jedoch erst im Februar. Dann werden Ihnen die Leistungen bei Vorliegen der Voraussetzungen erst ab 1. Februar gewährt.

Eine Vorversicherungszeit wird für Anträge im Jahr 1995 nicht gefordert. Wird der Antrag aber nach dem 31. 12. 1995 gestellt, besteht ein Leistungsanspruch nur, wenn Sie vor der Antragstellung mindestens ein Jahr als Mitglied versichert oder familienversichert waren.

1997 sind zwei Jahre erforderlich, 1998 drei Jahre und 1999 vier Jahre. Für Anträge ab 1. 1. 2000 besteht dann ein Anspruch nur noch, wenn Sie in den letzten 10 Jahren vor der Antragstellung mindestens 5 Jahre versichert waren. Für versicherte Kinder gilt die Vorversicherungszeit als erfüllt, wenn ein Elternteil sie erfüllt.

Die Einzelheiten zur Vorversicherungszeit ergeben sich aus der nachfolgenden Übersicht:

Bei einer Antragstellung in diesem Zeitraum ...	**... ist eine Vorversicherungszeit von ... Jahren erforderlich**
1. 1. bis 31. 12. 1996	mindestens 1 Jahr
1. 1. bis 31. 12. 1997	mindestens 2 Jahre
1. 1. bis 31. 12. 1998	mindestens 3 Jahre
1. 1. bis 31. 12. 1999	mindestens 4 Jahre
ab 1. 1. 2000	mindestens 5 Jahre

Praxis-Tip:

Wenn Sie wegen des Eintritts von Versicherungspflicht in der sozialen Pflegeversicherung aus der privaten Pflegeversicherung ausscheiden, wird die Versicherungszeit, die Sie in der privaten Pflegeversicherung ununterbrochen zurückgelegt haben, auf die Vorversicherungszeit angerechnet.

Diese Regelungen gelten bei der privaten Pflegeversicherung

Für die private Pflegeversicherung muß der Versicherungsvertrag Vertragsleistungen vorsehen, die nach Art und Umfang den Leistungen der sozialen Pflegeversicherung gleichwertig sind. Dabei tritt an die Stelle der Sachleistungen eine der Höhe nach gleiche Kostenerstattung. Und für Personen, die im Pflegefall Anspruch auf Beihilfe nach beamtenrechtlichen Vorschriften oder Grundsätzen haben, muß der private Versicherungsvertrag beihilfekonforme Leistungen vorsehen.

Leistungen, die Sie als Pflegeperson verlangen können

6

Wann für Sie Beiträge zur gesetzlichen Rentenversicherung gezahlt werden 76

So sind Sie in der gesetzlichen Unfallversicherung abgesichert 77

Das müssen Sie über Ihren Anspruch auf Unterhaltsgeld wissen 78

Pflegekurse für Angehörige und ehrenamtliche Pflegepersonen 79

Leistungen, die Sie als Pflegeperson verlangen können

Neben den Leistungen an die Pflegebedürftigen sieht das Pflege-Versicherungsgesetz Leistungen für nicht erwerbsmäßig tätige Pflegepersonen vor, die den Pflegebedürftigen in seiner Wohnung pflegen und nur Geldbeträge als Anerkennung erhalten. Die Regelungen bezwecken die soziale Sicherung der ehrenamtlich tätigen Pflegepersonen.

Im Vordergrund der sozialen Sicherung steht die Altersversorgung der Pflegepersonen, die bei Aufnahme der Pflegetätigkeit ihre eigene Erwerbstätigkeit ganz oder teilweise aufgeben oder die wegen der Pflege eine Erwerbstätigkeit nicht erst aufnehmen. Die soziale Absicherung besteht in der gesetzlichen Rentenversicherung, in der gesetzlichen Unfallversicherung und in der Arbeitslosenversicherung.

Wann für Sie Beiträge zur gesetzlichen Rentenversicherung gezahlt werden

Was die Rentenversicherung betrifft, so gilt folgendes: Die Pflegekasse zahlt für Sie Beiträge in Ihre Rentenversicherung, wenn Sie

- einen Pflegebedürftigen pflegen, der Anspruch auf Leistungen aus der sozialen oder privaten Pflegeversicherung hat,
- die Pflege nicht erwerbsmäßig mindestens 14 Stunden wöchentlich in der häuslichen Umgebung des Pflegebedürftigen ausüben, und
- nicht zu dem Personenkreis gehören, der in der Rentenversicherung versicherungsfrei ist (zum Beispiel Bezieher einer Vollrente wegen Alters und Versorgungsempfänger)

Achtung:

Für die Zahlung der Rentenversicherungsbeiträge ist außerdem Voraussetzung, daß Sie als Pflegeperson neben der Pflegetätigkeit nicht mehr als 30 Stunden wöchentlich beschäftigt oder selbständig tätig sind.

Die Beiträge, die von der sozialen und privaten Pflegeversicherung (und bei beihilfeberechtigten Pflegebedürftigen anteilig auch von den Beihilfestellen) an die Rentenversicherung zu zahlen sind, richten sich nicht nach der Höhe des Pflegegeldes, sondern nach dem Pflegeaufwand, für den ein fiktives Einkommen zugrunde gelegt wird.

Das bedeutet: Bei gleichem Zeitaufwand erwerben Sie durch die Pflege eines Schwerstpflegebedürftigen (Pflegestufe III) einen höheren Rentenanspruch als durch die Pflege eines erheblich Pflegebedürftigen (Pflegestufe I).

Praxis-Tip:

Teilen Sie sich die Pflegetätigkeit mit einer weiteren Pflegeperson, so werden die Rentenversicherungsbeiträge entsprechend dem jeweiligen Anteil an der Gesamtpflege aufgeteilt. Beachten Sie in diesem Fall zusätzlich, daß jede Pflegeperson mindestens 14 Stunden wöchentlich pflegend tätig sein muß.

So sind Sie in der gesetzlichen Unfallversicherung abgesichert

Während der pflegerischen Tätigkeit besteht außerdem auch ein Anspruch auf Versicherungsschutz in der gesetzlichen Unfallversicherung. Versichert sind Pflegeleistungen in dem Umfang, in dem diese den Intentionen der Pflegeversicherung entsprechen. Das umfaßt die Pflegetätigkeit in den Bereichen Körperpflege, Ernährung, Mobilität und hauswirtschaftliche Versorgung.

Das müssen Sie über Ihren Anspruch auf Unterhaltsgeld wissen

Für den Fall, daß Sie nach Ihrer Pflegetätigkeit in das Berufsleben zurückkehren wollen, haben Sie einen Anspruch auf Unterhaltsgeld. Der Grund: Nach Beendigung der Pflegetätigkeit im häuslichen Bereich müssen Pflegepersonen verbesserte Möglichkeiten zur Rückkehr ins Erwerbsleben eingeräumt werden.

Pflegepersonen sind in aller Regel Frauen, die auf dem Arbeitsmarkt ohnehin schon benachteiligt sind. Am Ende der Pflegetätigkeit stehen diese Pflegepersonen nach einer erheblichen Zeit ohne Erwerbstätigkeit häufig ohne Ausbildung da, so daß zusätzliche Hilfen für eine Rückkehr in das Erwerbsleben erforderlich sind.

Die Pflegekasse und die privaten Versicherungsgesellschaften haben die in der Renten- und Unfallversicherung zu versichernden Pflegepersonen den zuständigen Renten- und Unfallversicherungsträgern zu melden. Der Inhalt der Meldung ist Ihnen als Pflegeperson beziehungsweise dem Pflegebedürftigen schriftlich mitzuteilen. Im einzelnen sind folgende Angaben erforderlich:

- Versicherungsnummer
- Familien- und Vornamen
- Geburtsdatum
- Staatsangehörigkeit
- Anschrift
- Beginn und Ende der Pflegetätigkeit
- Die maßgeblichen beitragspflichtigen Einnahmen

Pflegekurse für Angehörige und ehrenamtliche Pflegepersonen

Für Angehörige und sonstige an einer ehrenamtlichen Pflegetätigkeit interessierte Personen sollen die Pflegekassen kostenlose Schulungskurse anbieten, um die häusliche Pflege zu erleichtern und zu verbessern. In diesen Kursen sollen Kenntnisse vermittelt oder vertieft werden, die zur Pflegetätigkeit in der häuslichen Umgebung des Pflegebedürftigen notwendig oder hilfreich sind.

Auch dies kann Gegenstand der Kurse sein:

- Unterstützung bei seelischen oder körperlichen Belastungen
- Der Abbau von Versagensängsten
- Der Erfahrungsaustausch der Pflegepersonen untereinander
- Die Beratung über Hilfsmittel
- Rehabilitationsmaßnahmen
- „Anwerbung“ neuer ehrenamtlicher Pflegepersonen

Die Schulung kann in der häuslichen Umgebung des Pflegebedürftigen stattfinden, wenn dies zum Beispiel für die Unterweisung im Gebrauch von Hilfsmitteln oder für bestimmte Pflegetätigkeiten im Einzelfall notwendig ist.

Was wichtige Fachbegriffe im Klartext bedeuten

7

Arbeitgeberanteil 84
Arbeitnehmer 84
Begutachtung 84
Behinderung 84
Beitrag 85
Beitragsbemessungsgrenze 85
Beitragsfreiheit 85
Beitragssatzstabilität 86
Beitragszuschüsse 86
Bezugsgröße 86
Bußgeld 87
Einnahmen 87
Ersatzpflegekraft 87
Familienversicherung 87
Feiertagsregelung 88
Geldleistung 88
Grundpflege 89

Hauswirtschaftliche Versorgung 89
Hilfe bei Pflegebedürftigkeit 89
Hilfe, technische 89
Kinder 89
Kombinationsleistung 90
Kontrahierungszwang 91
Kostenerstattung 91
Krankengeld 91
Krankheit 92
Kündigung 92
Kurzzeitpflege 92
Medizinischer Dienst 92
Mobilität 93
Nachtpflege 93
Pflegebedürftigkeit 94
Pflegedienste 95
Pflegefachkraft 95
Pflegegeld 95
Pflegeheim 96
Pflegehilfsmittel 96
Pflegekasse 97
Pflegekraft 97

Pflegekurs 97
Pflegeperson 98
Pflegeplan 99
Pflegesachleistung 99
Pflegesatz 100
Pflegestufe 101
Pflegeversichertennummer 102
Rentenbezieher 102
Schwerpflegebedürftigkeit 102
Schwerstpflegebedürftigkeit 103
Sozialdaten 103
Tagespflege 103
Unterkunft 104
Verhinderung der Pflegeperson 104
Verpflegung 105
Verrichtungen, tägliche 105
Versicherungspflicht 105
Vollstationäre Pflege 106
Vorruhestand 106
Vorversicherungszeit 106
Weiterversicherung 107
Zusatzleistungen 108

Fachbegriffe im Klartext

Arbeitgeberanteil

ist der vom Arbeitgeber zu tragende Teil der Sozialversicherungsbeiträge, das heißt die Kranken-, Renten-, Arbeitslosen- und Pflegeversicherungsbeiträge.

Arbeitnehmer

ist jeder gegen Entgelt abhängig Beschäftigte, also Arbeiter, Angestellter und die zur Berufsausbildung Beschäftigten. Der Heimarbeiter ist kein Arbeitnehmer, sondern eine arbeitnehmerähnliche Person. Er gilt, solange er nicht auf eigene Rechnung arbeitet, gem. § 12 Abs. 2 SGB IV als Beschäftigter und unterliegt insoweit in allen Bereichen und damit auch der Pflegeversicherung der Versicherungspflicht.

Begutachtung

ist die Feststellung und Prüfung, ob und in welchem Umfang Pflegebedürftigkeit vorliegt. Dazu hat eine Untersuchung im Wohnbereich des Versicherten zu erfolgen. Daneben sollen die behandelnden Ärzte des Versicherten in die Begutachtung mit einbezogen werden. Die Begutachtung soll durch den Medizinischen Dienst der Krankenkassen erfolgen.

Behinderung

oder Krankheit im Sinne der Pflegeversicherung sind

- Verluste, Lähmungen oder andere Funktionsstörungen am Stütz- oder Bewegungsapparat
- Funktionsstörungen der inneren Organe oder der Sinnesorgane
- Störungen des Zentralnervensystems, etwa Antriebs-, Gedächtnis- oder Orientierungsstörungen, sowie endogene Psychosen, Neurosen oder geistige Behinderungen

Ansprüche auf Hilfe in der Pflegeversicherung entstehen, wenn eine körperliche, geistige oder seelische Krankheit oder Behinderung zu einer erheblichen Einschränkung der gewöhnlichen und regelmäßig wiederkehrenden Verrichtungen wie Waschen, Duschen, Baden, die Zahnpflege, das Kämmen, Rasieren, die Darm- oder Blasenentleerung, das mundgerechte Zubereiten oder die Aufnahme der Nahrung, das selbständige Aufstehen und Zu-Bett-Gehen, An- und Auskleiden, Gehen, Stehen, Treppensteigen oder das Verlassen und Wiederaufsuchen der Wohnung, das Einkaufen, Kochen, Reinigen der Wohnung, Spülen, Wechseln und Waschen der Wäsche und Kleidung, das Beheizen führt. Die Behinderung muß von erheblicher Dauer, aber voraussichtlich für mindestens sechs Monate vorliegen.

Beitrag

ist der Anteil, der vom Bruttoarbeitslohn an die Kranken-, Renten-, Arbeitslosen- und Pflegeversicherung gezahlt werden muß. In der sozialen Pflegeversicherung beträgt er ab 1. 1. 1995 1 % des Bruttoentgeltes, ab 1. 7. 1996 1,7 % des Bruttoentgeltes.

Beitragsbemessungsgrenze

ist die Grenze, bis zu der der Verdienst zur Bemessung des Beitrages herangezogen wird. Sie wird jedes Jahr neu bestimmt. Die Beitragsbemessungsgrenze für 1995 beträgt 5850 DM für die alten Bundesländer und 4800 DM für die neuen Bundesländer.

Beitragsfreiheit

besteht für Familienangehörige, deren monatliches Gesamteinkommen die Geringfügigkeitsgrenze (1995: 580 DM für die alten Bundesländer, 470 DM für die neuen Bundesländer) nicht übersteigt. Beitragsfreiheit besteht darüber hinaus für Hinterbliebene von Rentnern oder Rentenantragstellern, die selbst keine Rente oder andere Einkommen beziehen.

Beitragsfrei sind Mitglieder für die Dauer des Bezuges von Mutterschafts- oder Erziehungsgeld. Mitglieder der Pflegeversicherung, die sich bereits auf nicht absehbare Dauer in stationärer Pflege befinden, können sich auf Antrag beitragsfrei stellen. Voraussetzung ist, daß sie keine Familienmitglieder haben, die unter die Familienversicherung fallen.

Beitragssatzstabilität

ist die Verpflichtung der Pflegekassen, die Ausgaben im Rahmen der Beitragseinnahmen zu halten. Die Pflegekassen selbst sind nicht in der Lage, den Beitragssatz zu ändern.

Beitragszuschüsse

erhalten die in der gesetzlichen Pflegeversicherung freiwillig versicherten Arbeitnehmer sowie die privatversicherten Arbeitnehmer von ihren Arbeitgebern. Vorruhestandsgeldbezieher, die freiwillig in der gesetzlichen Pflegeversicherung oder privat pflegeversichert sind, erhalten ebenfalls von dem zuständigen Rentenversicherungsträger einen Zuschuß zur Pflegeversicherung. Schüler und Studenten, die Bafög beziehen, erhalten einen Zuschlag von 10,– DM, ab 1. 7. 1996 von 15,– DM.

Bezugsgröße

ist eine im Sozialrecht an verschiedenen Stellen erscheinende Größe. Sie gibt einen Geldbetrag an, der sich an dem Durchschnitt der Arbeitsentgelte aller Versicherten im vorvergangenen Jahr errechnet.

Die Bezugsgröße für die alten Bundesländer beträgt für 1995 jährlich 48 720 DM und monatlich 4060 DM. Die Bezugsgröße für die neuen Bundesländer beträgt für 1995 jährlich 39 480 DM und monatlich 3290 DM.

Bußgeld

kann die Pflegekasse gegen denjenigen verhängen, der der Verpflichtung zum Abschluß oder zur Aufrechterhaltung eines privaten Pflegeversicherungsvertrages nicht nachkommt, Änderungen nicht oder nicht richtig mitteilt, erforderliche Unterlagen nicht oder nicht richtig oder nicht rechtzeitig vorlegt oder den Leistungsumfang seines privaten Versicherungsvertrages nicht oder nicht rechtzeitig anpaßt oder mit der Entrichtung von sechs Monatsprämien zur privaten Pflegeversicherung in Verzug gerät. Das Bußgeld kann bis zu 5000 DM betragen.

Einnahmen

im Sinne der beitragspflichtigen Einnahmen für die soziale Pflegeversicherung sind die gleichen, die zur Bestimmung des Krankenversicherungsbeitrages herangezogen werden. Im wesentlichen sind dies Arbeitsentgelte aus einer versicherungspflichtigen Beschäftigung sowie das Vorruhestandsgeld, der Zahlbetrag der Rente der gesetzlichen Rentenversicherung, Versorgungsbezüge sowie Arbeitseinkommen, soweit es neben einer Rente oder Versorgungsbezügen erzielt wird.

Ersatzpflegekraft

Die Kosten einer Ersatzpflegekraft werden bis zu einem Wert von 2800 DM im Kalenderjahr von der Pflegekasse übernommen, wenn die Pflegeperson, die den Pflegebedürftigen mindestens zwölf Monate lang versorgt hat, wegen Urlaub, Krankheit oder aus anderen Gründen an der Pflege gehindert ist.

Familienversicherung

In der Familienversicherung sind der Ehegatte und die Kinder von Mitgliedern beitragsfrei mitversichert, wenn ihr monatliches Gesamteinkommen die Geringfügigkeitsgrenze

(1995: 580 DM für die alten Länder, 470 DM für die neuen Länder) nicht übersteigt. Darüber hinaus dürfen die Familienangehörigen selbst nicht in der sozialen Pflegeversicherung versicherungspflichtig sein, sie dürfen nicht hauptberuflich selbständig erwerbstätig sein.

Kinder sind bis zur Vollendung des 18. Lebensjahres als anspruchsberechtigt anzusehen, darüber hinaus bis zum 23. Lebensjahr, wenn das Kind keiner Erwerbstätigkeit nachgeht. Sie sind familienversichert bis zur Vollendung des 25. Lebensjahres, wenn sie sich in Schul- oder Berufsausbildung befinden oder ein freiwilliges soziales Jahr oder ein freiwilliges ökologisches Jahr leisten. Wenn Wehrdienst oder Zivildienst oder stattdessen Leistung im Polizeivollzugsdienst beim Bundesgrenzschutz geleistet wird, verlängert sich der Anspruch auf Familienversicherung entsprechend diesem Zeitraum.

Feiertagsregelung

In den Bundesländern, in denen ein gesetzlicher Feiertag, der stets auf einen Werktag fällt, aufgehoben wird, tragen die Arbeitgeber die Hälfte des Pflegeversicherungsbeitrages als Arbeitgeberanteil. In den Ländern, in denen kein Feiertag aufgehoben wird, tragen die Arbeitnehmer die Beiträge in voller Höhe selbst. Sollte nach Inkrafttreten der stationären Pflegeleistungen ab 1. 7. 1996 festgestellt werden, daß zur Deckung der Kosten die Aufhebung eines zweiten Feiertages erforderlich ist, gilt das oben gesagte entsprechend.

Geldleistung

Wenn der Pflegebedürftige seine häusliche Pflege durch eine Pflegeperson selbst sicherstellt, kann er ein Pflegegeld beantragen: Für

- Pflegebedürftige der Pflegestufe I 400 DM
- Pflegebedürftige der Pflegestufe II 800 DM
- Pflegebedürftige der Pflegestufe III 1300 DM

Bei kombinierter Inanspruchnahme von häuslicher Pflege und selbstbeschaffter Pflegehilfe wird das Pflegegeld prozentual gekürzt.

Grundpflege

ist Hilfe im Bereich der Körperpflege, im Bereich der Ernährung und im Bereich der Mobilität.

Hauswirtschaftliche Versorgung

ist das Einkaufen, Kochen, Reinigen der Wohnung, Spülen, Wechseln und Waschen der Wäsche und Kleidung und das Beheizen der Wohnung.

Hilfe bei Pflegebedürftigkeit

wird dadurch geleistet, daß Unterstützung zu den Verrichtungen des täglichen Lebens geleistet wird.

Hilfe, technische

sind vornehmlich:

- Pflegebetten
- Rollstühle
- Hebegeräte, auch um die Körperpflege zu erleichtern
- Gehwagen und Gehgestelle
- technische Küchengeräte, die in besonderem Maße zur Unterstützung der hauswirtschaftlichen Tätigkeit dienen

Kinder

sind bis zum Alter von 18 Lebensjahren uneingeschränkt in der Familienversicherung mitversichert. Bis zum Alter von 23 Jahren sind sie mitversichert, wenn sie keiner Erwerbstätigkeit nachgehen; ausgenommen sind geringfügige Beschäftigungen oder selbständige Tätigkeiten im Rahmen der Geringfügigkeit.

Darüber hinaus sind Kinder familienversichert bis zur Vollendung des 25. Lebensjahres, wenn sie sich in Schul- oder Berufsausbildung befinden oder ein freiwilliges soziales Jahr im Sinne des Gesetzes zur Förderung eines freiwilligen sozialen Jahres oder ein freiwilliges ökologisches Jahr im Sinne des Gesetzes zur Förderung eines freiwilligen ökologischen Jahres leisten.

Verzögert sich die Berufsausbildung oder die Schulausbildung durch Wehrdienst, Zivildienst oder Dienst im Polizeivollzugsdienst beim Bundesgrenzschutz, wird diese Zeit entsprechend berücksichtigt. Kinder im Sinne der Pflegeversicherung sind auch Stiefkinder und Enkel, die das Mitglied überwiegend unterhält, sowie Pflegekinder.

Auch bei einem Pflegekindschaftsverhältnis, das durch eine familienähnliche Eingliederung des Kindes gekennzeichnet ist, besteht die Mitgliedschaft im Rahmen der Familienversicherung. Die Familienversicherung bleibt aufrechterhalten, wenn die Kinder Wehrdienst oder Zivildienst leisten.

Kinder sind im Rahmen der sozialen Pflegeversicherung nicht mitversichert, wenn der mit den Kindern verwandte Ehegatte des Mitgliedes von der Versicherungspflicht befreit ist oder in der privaten Pflegeversicherung pflichtversichert ist. Darüber hinaus muß sein Gesamteinkommen regelmäßig im Monat $^{1}/_{12}$ der Beitragsbemessungsgrenze übersteigen und regelmäßig höher sein als das Gesamteinkommen des Mitglieds.

Kombinationsleistung

ermöglicht dem Pflegebedürftigen, sowohl Sachleistung als auch Pflegegeld in Anspruch zu nehmen. Der Pflegebedürftige kann sich also dazu entschließen, von der ihm als Sachleistung zustehenden Pflege nur einen Teil in Anspruch zu nehmen und – entsprechend gekürzt – sich den anderen Teil als Pflegegeld auszahlen zu lassen. Im Regelfall ist der Pflegebedürftige für sechs Monate an diese Entscheidung gebunden.

Kontrahierungszwang

Die privaten Krankenversicherungen sind verpflichtet, mit freiwillig Versicherten, die sich für die private Pflegeversicherung entscheiden, sowie mit den Privatversicherten, den beihilfeberechtigten Personen und den Heilfürsorgeberechtigten auf Antrag entsprechende Verträge abzuschließen. Ein Weigerungsrecht der privaten Krankenversicherung ist ausgeschlossen.

Kostenerstattung

erfolgt, wenn ein Pflegebedürftiger eine Pflegeeinrichtung oder eine Pflegeperson in Anspruch nimmt, die keinen Vergütungsvertrag mit der Pflegekasse vereinbart haben. Der Pflegebedürftige muß die Vergütung dann direkt mit der Pflegeeinrichtung vereinbaren und die Rechnung bei der Pflegekasse einreichen. Die Pflegekasse erstattet aber maximal 80 % der Kosten, die ihr bei Inanspruchnahme einer anderen zugelassenen Pflegeeinrichtung entstanden wären. Auch die Sozialhilfe darf den Differenzbetrag nicht übernehmen. Die privat Pflegeversicherten erhalten alle Leistungen auf der Basis der Kostenerstattung.

Krankengeld

Bezieher von Krankengeld haben ebenfalls Beiträge zur sozialen Pflegeversicherung zu tragen. Wenn das Krankengeld allerdings in Höhe der Leistungen der Bundesanstalt für Arbeit bezahlt wird, trägt die Krankenkasse beide Beitragsanteile alleine. Die Krankenkasse trägt auch dann den gesamten Anteil, wenn das dem Krankengeld zugrundeliegende monatliche Arbeitsentgelt $^1/_7$ der monatlichen Bezugsgröße bzw. 610 DM nicht übersteigt.

Krankheit

Lesen Sie hierzu bitte die Hinweise unter dem Stichwort „Behinderung“.

Kündigung

ist die empfangsbedürftige Erklärung, daß man sich von einem Vertrag lossagt. Die Pflegeversicherung gibt allen Personen, die in der sozialen Pflegeversicherung pflichtversichert sind, ein außerordentliches Recht zur Kündigung eines vorher eingegangenen privaten Pflegeversicherungsvertrages. Daneben können ohne Angabe von Gründen alle Pflegeversicherungsverträge gekündigt werden, die vor dem 23.6.1993 abgeschlossen wurden. Das Kündigungsrecht gilt gleichermaßen für Familienangehörige, die dann unter die Familienversicherung fallen.

Kurzzeitpflege

ist die kurzfristige und auf einen Zeitraum von maximal vier Wochen beschränkte Pflege in einer vollstationären Einrichtung. Sie wird gewährt, wenn entweder für eine Übergangszeit im Anschluß an eine stationäre Behandlung oder in einer sonstigen Krisensituation vorübergehend häusliche oder teilstationäre Pflege nicht möglich oder nicht ausreichend ist. Der Anspruch ist der Höhe nach begrenzt auf 2800 DM im Kalenderjahr.

Medizinischer Dienst

ist die Fortführung des bis zum 31.12.1988 bei den Landesversicherungsanstalten errichteten vertrauensärztlichen Dienstes. Die beim Medizinischen Dienst angestellten Ärzte, Zahnärzte und sonstiges Personal haben im Rahmen der

Pflegeversicherung den Auftrag, den Pflegebedürftigen in seiner häuslichen Umgebung zu untersuchen und die Stufe der Pflegebedürftigkeit festzustellen.

Die beim Medizinischen Dienst angestellten Ärzte und Zahnärzte sind ausdrücklich nicht an Anweisungen der Krankenkassen gebunden. Neben der Feststellung, ob die Voraussetzungen der Pflegebedürftigkeit erfüllt sind und welche Stufe der Pflegebedürftigkeit vorliegt, hat der Medizinische Dienst auch festzustellen, ob und in welchem Umfang andere Maßnahmen geeignet sind, die Pflegebedürftigkeit zu vermeiden oder zu verhindern.

Mobilität

im Sinne des Pflegebedarfs ist das selbständige Aufstehen und Zu-Bett-Gehen, das An- und Auskleiden, das Gehen, Stehen und Treppensteigen oder das Verlassen und Wiederaufsuchen der Wohnung. Dazu gehört ebenso die Möglichkeit, Ärzte, Krankengymnasten, Sprachtherapeuten, Apotheken oder Behörden aufzusuchen.

Nicht unter den Begriff der Mobilitätshilfe fällt das soziale oder kulturelle Umfeld. Spaziergänge oder der Besuch kultureller Veranstaltungen werden nicht von der Pflegeversicherung übernommen; die Regelung solcher Dinge ist in die Eigenverantwortlichkeit des Pflegebedürftigen gestellt.

Bei besonderer Bedürftigkeit kommt möglicherweise ein Anspruch gemäß § 68 Abs. 2 Satz 2 Bundessozialhilfegesetz gegenüber dem Sozialamt in Betracht. Danach soll einem Pflegebedürftigen nach Möglichkeit angemessene Bildung und Anregung kultureller oder sonstiger Art vermittelt werden.

Nachtpflege

ist ein Unterfall der teilstationären Pflege. Diese Pflegeform kommt in Betracht, wenn der Pflegebedürftige seine tägliche

Pflege im häuslichen Rahmen erhält und nur nachts in einem Nachtpflegeheim aufgenommen und betreut wird. Teilstationäre Pflege wird als Sachleistung gewährt.

Die Pflegekasse übernimmt die Aufwendungen für Pflegebedürftige der Pflegestufe I im Wert bis zu 750 DM, für Pflegebedürftige der Pflegestufe II im Wert bis zu 1500 DM und für Pflegebedürftige der Pflegestufe III im Wert bis zu 2100 DM. Nachtpflegeeinrichtungen sind im Gegensatz zu Tagespflegeeinrichtungen zur Zeit noch sehr selten.

Pflegebedürftigkeit

liegt vor, wenn Personen wegen einer körperlichen, geistigen oder seelischen Krankheit oder Behinderung für die gewöhnlichen und regelmäßig wiederkehrenden Verrichtungen im Ablauf des täglichen Lebens auf Dauer, voraussichtlich für mindestens sechs Monate, in erheblichem oder höherem Maße der Hilfe bedürfen.

Erheblich pflegebedürftig (= Pflegestufe I) sind Personen, die bei der Körperpflege, der Ernährung oder der Mobilität mindestens einmal täglich der Hilfe bedürfen und zusätzlich mehrmals in der Woche auch Hilfe bei der hauswirtschaftlichen Versorgung benötigen.

Schwerpflegebedürftig (= Pflegestufe II) sind Personen, die bei der Körperpflege, der Ernährung oder der Mobilität mindestens dreimal täglich der Hilfe bedürfen und außerdem mehrmals in der Woche Hilfe bei der hauswirtschaftlichen Versorgung benötigen.

Schwerstpflegebedürftig (= Pflegestufe III) sind Personen, die bei der Körperpflege, der Ernährung oder der Mobilität täglich rund um die Uhr, also auch nachts, der Hilfe bedürfen und außerdem mehrmals in der Woche auch Hilfe bei der hauswirtschaftlichen Versorgung benötigen.

Pflegedienste

sind Einrichtungen, die Pflegebedürftige mit häuslicher Pflege als Sachleistung versorgen. Kennzeichnend ist, daß die Pflegebedürftigen in deren Wohnung gepflegt und hauswirtschaftlich versorgt werden. Solche Pflegedienste schließen mit den Pflegekassen Versorgungsverträge, in denen Inhalt, Umfang, Vergütung sowie die Prüfung der Qualität und Wirtschaftlichkeit der zu erbringenden Leistungen festgelegt werden. Nur solch zugelassene Pflegedienste können im Rahmen der Pflegeversicherung Sachleistungen erbringen.

Pflegefachkraft

ist eine bei einem Pflegedienst angestellte Person, unter deren ständiger Verantwortung die ambulante Pflege eines Pflegebedürftigen durchgeführt werden muß. Pflegefachkräfte sind insbesondere ausgebildete Kranken- und Altenpfleger, die über die notwendige berufliche Erfahrung und das spezifische Wissen verfügen.

Pflegegeld

wird für selbstbeschaffte Pflegehilfen anstelle der von der Pflegekasse übernommenen häuslichen Pflegehilfe gezahlt. Voraussetzung ist, daß der Pflegebedürftige die erforderliche Grundpflege und die hauswirtschaftliche Versorgung durch eine selbst ausgesuchte Pflegeperson in geeigneter Weise selbst sicherstellt.

Das Pflegegeld soll es ermöglichen, daß in geeigneter Weise im Rahmen der Familienhilfe oder der Nachbarschaftshilfe die Versorgung des Pflegebedürftigen sichergestellt wird. Das Pflegegeld beträgt in der Pflegestufe I 400 DM, in der Pflegestufe II 800 DM und in der Pflegestufe III 1300 DM monatlich. Neben dem Pflegegeld der Pflegeversicherung kann das Pflegegeld der §§ 68 ff. Bundessozialhilfegesetz nicht bezogen werden.

Werden allerdings Kombinationsleistungen oder nur Sachleistungen der Pflegeversicherung in Anspruch genommen, kann neben den Leistungen der Pflegekassen ein Anspruch auf das Pflegegeld nach dem Bundessozialhilfegesetz bestehen. Die §§ 68ff. des Bundessozialhilfegesetzes sind der Pflegeversicherung im wesentlichen gleichgestaltet. Das von der Sozialhilfe gezahlte Pflegegeld kann um bis zu $^2/_3$ gekürzt werden, wenn daneben Sachleistungen nach dem Pflegegesetz gewährt werden.

Pflegeheim

ist eine stationäre Pflegeeinrichtung, in der Pflegebedürftige unter ständiger Verantwortung einer ausgebildeten Pflegefachkraft gepflegt werden. Dort werden die Pflegebedürftigen ganztägig, d. h. vollstationär, oder nur tagsüber oder nur nachts, d. h. teilstationär, untergebracht und verpflegt. Pflegeheime müssen, ebenso wie die Pflegedienste, durch Versorgungsvertrag zur Pflege durch die Pflegekassen zugelassen werden. In den Versorgungsverträgen sind Art, Inhalt und Umfang der allgemeinen Pflegeleistungen festzulegen.

Pflegehilfsmittel

sind zum Verbrauch bestimmte Gegenstände wie Desinfektionsmittel, Unterlagen und Windeln. Pflegehilfsmittel werden auf Antrag gewährt. Die Aufwendungen dürfen pro Monat 60,– DM im Einzelfall nicht übersteigen. Wenn ein entsprechender Antrag gestellt wird, überprüft die Pflegekasse die Notwendigkeit der Versorgung. Dazu wird entweder eine Pflegekraft beteiligt oder der Medizinische Dienst der Krankenkassen herangezogen.

Die einzelnen Pflegehilfsmittel sind in einem Pflegehilfsmittelverzeichnis aufgeführt, das von den Spitzenverbänden der Pflegekassen erstellt wird. Dieses Pflegehilfsmittelverzeichnis ist allerdings nur ein Informationsmittel und ist nicht geeignet, den Leistungsanspruch des Pflegebedürftigen zu begrenzen. Ob ein Pflegebedürftiger Anspruch auf ein bestimmtes Pflegehilfsmittel hat, ergibt sich in erster Linie aus der Notwendigkeit und der Geeignetheit dieses bestimmten Hilfsmittels und nicht aus dem Pflegehilfsmittelverzeichnis.

Pflegekasse

Bei jeder Krankenkasse wird eine Pflegekasse errichtet. Die Pflegekassen haben den Auftrag, die pflegerische Versorgung der Pflegebedürftigen sicherzustellen. Die Pflegekassen bzw. die Landesverbände der Pflegekassen schließen mit den Pflegediensten und Pflegeeinrichtungen Versorgungs- und Vergütungsverträge. Die Pflegekassen gewähren auf Antrag die im Gesetz genannten Pflegesachleistungen bzw. Pflegegelder.

Pflegekraft

ist eine Person, die entweder hauptberuflich (Pflegefachkraft) oder ehrenamtlich wie zum Beispiel als Angehöriger, Nachbar oder Mitglied einer Selbsthilfegruppe, Pflegebedürftige betreut.

Pflegekurs

ist ein von einer Pflegekasse angebotener Schulungskurs. Ein solcher Schulungskurs soll für Angehörige oder sonstige Personen, die an einer ehrenamtlichen Pflegetätigkeit interessiert sind, angeboten werden. In diesen Kursen soll die Pflege und Betreuung von Pflegebedürftigen erlernt werden.

Die Kurse sind unentgeltlich. Ein solcher Kurs kann auch in der häuslichen Umgebung des Pflegebedürftigen stattfinden. Auch in diesem Fall soll die Schulung unentgeltlich erfolgen. Möglicherweise kann sie sogar mit einem von der Pflegekasse übernommenen Pflegeeinsatz durch eine Pflegefachkraft erfolgen.

Pflegeperson

ist jemand, der einen Pflegebedürftigen mindestens 14 Stunden in der Woche nicht erwerbsmäßig zu Hause pflegt. Beim Pflegebedürftigen muß mindestens Pflegebedürftigkeit der Pflegestufe I vorliegen. Erwerbsmäßig bedeutet eine auf Gewinn abzielende Tätigkeit.

Anerkennende Geldzahlungen des Pflegebedürftigen führen nicht zur Erwerbstätigkeit. Unproblematisch dürfte es sein, wenn ein Betrag gezahlt wird, der unter der Geringfügigkeitsgrenze liegt. Für solche Pflegepersonen entrichtet die Pflegekasse oder das private Versicherungsunternehmen Beiträge an die zuständigen Träger der gesetzlichen Rentenversicherung.

Voraussetzung ist, daß die Pflegeperson neben ihrer pflegerischen Tätigkeit nicht mehr als 30 Stunden wöchentlich erwerbstätig ist. Die Pflicht zur Übernahme der Rentenbeiträge entfällt, wenn es sich um eine erwerbsmäßige Beschäftigung handelt, auch wenn es sich um eine geringfügige Beschäftigung handelt. Vielmehr muß eine ehrenamtliche Pflegetätigkeit vorliegen.

Eine solche ehrenamtliche Pflegetätigkeit insbesondere von Familienangehörigen und Nachbarn sowie Freunden liegt insbesondere dann vor, wenn der Pflegebedürftige lediglich zur Anerkennung Zuwendungen an die Pflegeperson leistet, es sich aber eben nicht um einen Anspruch der Pflegeperson gegenüber dem Pflegebedürftigen handelt.

Eine Pflegeperson ist darüber hinaus während ihrer Pflegetätigkeit gesetzlich unfallversichert. Unfälle und Verletzungen während der An- oder Abfahrt oder während der Pflegetätigkeit sind als Arbeitsunfälle anzusehen. Zuständig sind die Gemeinden bzw. die Gemeindeunfallversicherungsverbände.

Pflegeplan

ist die Mitteilung des Medizinischen Dienstes an die Pflegekasse, in der Maßnahmen zur Rehabilitation, Art und Umfang der zu gewährenden Pflegeleistungen und auf den Einzelfall bezogen Lösungsmöglichkeiten für die im Rahmen der Pflege auftretenden Probleme enthalten soll. Die Feststellungen dazu trifft der Medizinische Dienst im Rahmen seiner Begutachtung des Pflegebedürftigen. Der Pflegeplan sollte auch Aussagen darüber enthalten, in welchem Zeitraum weitere Untersuchungen erfolgen sollen.

Pflegesachleistung

ist eine von mehreren Möglichkeiten, wie die Pflegeversicherung die Ansprüche der Pflegebedürftigen erfüllt. Die Pflegekasse schließt mit den einzelnen Pflegeeinrichtungen Pflegeverträge, in denen Art, Inhalt und Umfang der einzelnen Leistungen geregelt sind sowie Vergütungsverträge.

Auf Antrag gewährt sie dann Pflegeeinsätze als Sachleistung, das heißt, sie bestimmt nur, wieviele Stunden an Pflege täglich, wöchentlich oder monatlich dem Pflegebedürftigen zur Verfügung gestellt werden. Der Pflegebedürftige selbst schließt mit der Pflegeeinrichtung insoweit keinen gesonderten Vertrag.

Das Gegenteil der Sachleistung ist die Kostenerstattung. Wenn ein Pflegebedürftiger sich einer Pflegeeinrichtung bedient, die zwar von der Pflegekasse zugelassen ist, jedoch keine Vergütungsvereinbarung mit der Pflegekasse getroffen hat, muß er einen gesonderten Vergütungsvertrag schließen. Er ist dann auch verpflichtet, den mit dieser Pflegeeinrichtung individuell ausgehandelten Vergütungssatz zu bezahlen.

Die Pflegekasse erstattet ihm dann auf Antrag die Kosten, jedoch nur maximal 80 % der Kosten, die bei Inanspruchnahme einer Pflegeeinrichtung entstanden wären, die mit der Pflegekasse auch eine Vergütungsvereinbarung geschlossen hat. Sowohl die Pflegeeinrichtung als auch die Pflegekasse sind verpflichtet, den Pflegebedürftigen vorher auf diesen Nachteil hinzuweisen.

Neben der Sachleistung und der Kostenerstattung besteht die Möglichkeit, daß die Pflegekasse eigene Pflegeeinrichtungen unterhält und die dem Pflegebedürftigen zustehenden Leistungen dann als Dienstleistung in diesen Einrichtungen erbringt. Für die privat Pflegeversicherten gilt in jedem Fall das Kostenerstattungsprinzip.

Pflegesatz

ist das vom Pflegebedürftigen an die Pflegeeinrichtung, in der er sich zur stationären oder teilstationären Pflege befindet, zu zahlende Entgelt. Mit dem Pflegesatz sind nur die für die Versorgung des Pflegebedürftigen erforderlichen Pflegeleistungen der Pflegeeinrichtung abgegolten.

Die Pflegesätze sind in Pflegeklassen eingeteilt, die Umfang und Art der benötigten Pflege angemessen sein sollen. In der Regel folgt die Einteilung in die Pflegeklasse der Einteilung in die Pflegestufe. Der Medizinische Dienst und die Heimleitung können jedoch übereinstimmend bestimmen, daß der Pflegebedürftige in eine andere Pflegeklasse eingeteilt wird und demzufolge einen höheren oder niedrigeren Pflegesatz zu zahlen hätte, als es seiner Einstufung in die Pflegestufe entspricht.

Die Pflegesätze werden zwischen den Trägern des Pflegeheims und denen der Pflegekassen sowie unter möglicher Beteiligung von Unfallversicherungsträgern, Rentenversicherungsträgern, Trägern der Sozialhilfe und anderen vereinbart. Der Pflegesatz in den einzelnen Pflegeklassen muß für alle Heimbewohner gleich hoch sein.
Privatversicherten oder Selbstzahlern dürfen keine höheren Kosten berechnet werden als Versicherten der sozialen Pflegeversicherung. Auch die Gewährung von Rabatten ist

untersagt. Weiterhin ist festgeschrieben, daß eine rückwirkende Erhöhung der Pflegesätze nicht vereinbart werden darf, sondern nur Veränderungen für die Zukunft und für einen festgeschriebenen Zeitraum erfolgen dürfen.

Pflegestufe

Zur Feststellung des Leistungsanspruchs des Pflegebedürftigen gegenüber seiner Pflegekasse wird eine Einteilung in drei Stufen der Pflegebedürftigkeit vorgenommen.

In der Pflegestufe I (erheblich Pflegebedürftige) besteht Hilfebedarf mindestens einmal täglich für wenigstens zwei Verrichtungen aus den Bereichen der Körperpflege, der Ernährung oder der Mobiliät und zusätzlich mehrfach in der Woche Hilfen bei der hauswirtschaftlichen Versorgung.

Schwerpflegebedürftige der Pflegestufe II bedürfen mindestens dreimal täglich zu verschiedenen Tageszeiten Hilfe bei der Körperpflege, der Ernährung oder der Mobilität und benötigen zusätzlich mehrfach in der Woche Hilfen bei der hauswirtschaftlichen Versorgung.

Schwerstpflegebedürftige der Pflegestufe III müssen rund um die Uhr Hilfe bei der Körperpflege, der Ernährung oder der Mobilität bedürfen und mehrfach in der Woche Hilfen zur hauswirtschaftlichen Versorgung benötigen.

Bei Kindern wird die Zuordnung nicht nach den oben genannten Kriterien vorgenommen, sondern hier ist für die Zuordnung der zusätzliche Hilfebedarf gegenüber einem gesunden gleichaltrigen Kind maßgebend.

Zur näheren Ausgestaltung der Einteilung in Pflegestufen und der Zuordnung des Hilfebedarfs der Kinder wird das Bundesministerium für Arbeit und Sozialordnung eine Rechtsverordnung erlassen.

Pflegeversichertennummer

ist die Versichertennummer, die die Pflegekasse zur Identifikation dem Versicherten zuweist. Sie kann mit der Krankenversichertennummer übereinstimmen. Innerhalb der Pflegekasse ist durch geeignete organisatorische Lösungen oder durch den Einsatz entsprechender Software sicherzustellen, daß ein Sachbearbeiter jeweils nur die Daten aus einem Sachbereich, entweder der Krankenversicherung oder der Pflegeversicherung erhält. Es ist unzulässig, daß ein Sachbearbeiter, der nur in einem Leistungsbereich tätig ist, gleichzeitig die Daten aus dem anderen Leistungsbereich angezeigt bekommt.

Rentenbezieher

Grundsätzlich sind auch Personen, die einen Anspruch auf Rente aus der gesetzlichen Rentenversicherung haben und diese Rente beantragt haben, versicherungspflichtig in der sozialen Pflegeversicherung, soweit sie der Krankenversicherungspflicht unterliegen. Die Versicherungspflicht beginnt mit dem Tag der Stellung des Rentenantrags.

Personen, die am 31. Dezember 1994 eine Rente beziehen und beihilfeberechtigt sind, erhalten für die Zeit vom 1. Januar 1995 bis zum 30. Juni 1996 einen Zuschuß in Höhe von 0,5 % ihrer monatlichen Rente. Im übrigen erhalten alle Rentner eine Information über die Beitragseinbehaltung für die soziale Pflegeversicherung sowie über den Zuschuß.

Schwerpflegebedürftigkeit

entspricht der Pflegestufe II und liegt vor, wenn im Bereich der Körperpflege, der Ernährung oder der Mobilität mindestens dreimal täglich zu verschiedenen Tageszeiten Hilfe benötigt wird und darüber hinaus mehrfach in der Woche Hilfen bei der hauswirtschaftlichen Versorgung erforderlich sind.

Schwerstpflegebedürftigkeit

führt zur Einstufung in die Pflegestufe III. Der Pflegebedürftige bedarf dann täglich rund um die Uhr, auch nachts, Hilfen bei der Körperpflege, der Ernährung oder der Mobilität und zusätzlich mehrfach in der Woche Hilfen bei der hauswirtschaftlichen Versorgung.

Sozialdaten

sind alle Einzelangaben über persönliche oder sachliche Verhältnisse einer bestimmten oder bestimmbaren natürlichen Person. Dies sind zum Beispiel Krankendaten, Rentendaten, Daten über familiäre Verhältnisse usw... Diese Daten sind besonders schützenswert. Jeder Betroffene hat gegenüber einer datenspeichernden Stelle Anspruch auf Auskunft über die über ihn gespeicherten Daten. Der Antrag kann formlos gestellt werden.

Tagespflege

Für die Tagespflege gilt das oben bereits unter Nachtpflege Ausgeführte entsprechend. Die Tagespflege ist ein Aspekt der teilstationären Pflege. Der Pflegebedürftige, der die häusliche Pflege nicht in ausreichendem Maße sicherstellen kann, hat Anspruch darauf, tagsüber in einer Einrichtung gepflegt zu werden, die die Tagespflege anbietet. Das Erfordernis der Pflege in einer teilstationären Einrichtung wird durch den Medizinischen Dienst der Pflegekasse festgestellt.

Die Pflegekasse übernimmt die Kosten der Tagespflege bei Pflegebedürftigen der Pflegestufe I im Wert bis zu 750 DM, für Pflegebedürftige der Pflegestufe II im Wert bis zu 1500 DM sowie für Pflegebedürftige der Pflegestufe III im Wert bis zu 2100 DM monatlich. In diese Kosten fließen die Kosten des Transportes, die ebenfalls von der Pflegekasse übernommen werden, mit ein. Auch bei der Tagespflege gilt der Grundsatz, daß der Pflegebedürftige, der diese Leistungen nicht voll in Anspruch nimmt, einen Anspruch auf ein allerdings entsprechend gekürztes Pflegegeld hat.

Unterkunft

Die Pflegekasse übernimmt nur die Kosten für die Pflegeleistungen. Die gesondert auszuweisenden Kosten für Unterkunft und Verpflegung eines Pflegebedürftigen in einer stationären Einrichtung müssen von diesem selbst getragen werden. Die Pflegekassen vereinbaren mit den Einrichtungen in den Versorgungs- und Vergütungsverträgen auch die Kosten für Unterkunft und Verpflegung. Eine Differenzierung nach Kostenträgern ist unzulässig.

Bei Pflegebedürftigen, die die Kosten für Unterkunft und Verpflegung aufgrund zu geringer Einkünfte oder Renten nicht selbst tragen können, kommt ein Anspruch gegenüber der Sozialhilfe in Betracht.

Verhinderung der Pflegeperson

Ein Pflegebedürftiger, der seine häusliche Pflege durch die Betreuung durch eine Pflegeperson geregelt hat, hat Ansprüche gegenüber der Pflegekasse, wenn die Pflegeperson durch Krankheit, Urlaub oder aus anderen Gründen an der Pflege gehindert ist. Voraussetzung ist, daß die Pflegeperson den Pflegebedürftigen vor der ersten Inanspruchnahme dieser Ausnahmeregelung den Pflegebedürftigen mindestens 12 Monate in seiner häuslichen Umgebung gepflegt hat.

Die Pflegekasse übernimmt dann die Kosten einer Ersatzpflegekraft, höchstens jedoch 2800 DM. In der Regel wird davon ausgegangen, daß der Pflegebedürftige sich die Ersatzpflegekraft selbst besorgt und zunächst mit ihr direkt abrechnet, bevor er dann im Wege der Kostenerstattung die Rechnung bei seiner Pflegekasse einreicht.

Ob es auch möglich ist, statt einer selbstbeschafften Pflegekraft die Leistungen der Pflegekasse als Sachleistung in

Anspruch zu nehmen, ist bisher nicht geklärt. Vom Gesetzeswortlaut her erscheint es möglich, daß der Pflegebedürftige an seine Pflegekasse herantritt und beantragt, für einen gewissen Zeitraum Pflegeleistungen durch eine zugelassene Pflegekraft zu erhalten.

Die Dauer der Inanspruchnahme der Ersatzpflegekraft darf vier Wochen im Kalenderjahr nicht übersteigen. Es ist aber nicht erforderlich, daß diese vier Wochen ununterbrochen in Anspruch genommen werden müssen. Vielmehr kann diese Frist auch in kürzeren Zeiträumen, kürzestens einen Tag, in Anspruch genommen werden.

Verpflegung

Der Pflegebedürftige muß ebenso wie für seine Unterkunft auch für seine Verpflegung in einer stationären Einrichtung selbst aufkommen. Auf die Ausführungen unter dem Stichwort „Unterkunft" wird verwiesen.

Verrichtungen, tägliche

Lesen Sie hierzu bitte die Hinweise unter dem Stichwort „Behinderung".

Versicherungspflicht

ist die vom Staat getroffene Anordnung, sich gegen ein bestimmtes Risiko privat oder gesetzlich abzusichern. In der Sozialversicherung besteht die Pflicht, sich gegen das Risiko der Krankheit, des Alters, des Unfalls und jetzt des Pflegefalls zu versichern, für Arbeitnehmer darüber hinaus die Pflicht zur Absicherung des Risikos des Arbeitsplatzverlustes. Die Versicherungspflicht in der Pflegeversicherung, gleich ob private oder soziale Pflegeversicherung, erfaßt bis auf wenige Ausnahmen die gesamte Bevölkerung.

Vollstationäre Pflege

Der Pflegebedürftige, der seine Betreuung weder durch häusliche Pflege noch durch Unterbringung in einer teilstationären Einrichtung sicherstellen kann, hat Anspruch auf Unterbringung in einer Pflegeeinrichtung. Leistungen der stationären Pflege werden erst ab dem 1.7.1995 gewährt. Die Pflegekasse übernimmt die Kosten für die Pflegeleistungen in einer stationären Einrichtung bis zu einem Betrag von 2800 DM monatlich, in Ausnahmefällen bis zu 3300 DM monatlich.

Der Pflegebedürftige hat daneben die Kosten für Unterkunft und Verpflegung selbst zu tragen. Ein Pflegebedürftiger, der sich in einer vollstationären Einrichtung aufnehmen läßt, obwohl die Unterbringung in dieser Einrichtung an sich nicht erforderlich wäre, erhält nur die Leistungen, die er entsprechend seiner Pflegestufe erhalten würde, wenn er sich häuslich versorgen ließe.

Sollte im Einzelfall der von der Pflegekasse übernommene Anteil nicht ausreichen, kommt bei fehlender eigener Leistungsfähigkeit des Pflegebedürftigen wiederum ein Anspruch gegenüber dem Sozialhilfeträger in Betracht.

Vorruhestand

Auch die Bezieher von Vorruhestandsgeld unterliegen der Versicherungspflicht in der sozialen Pflegeversicherung. Voraussetzung ist allerdings, daß das Vorruhestandsgeld mindestens in Höhe von 65 % des Bruttoarbeitsentgeltes gezahlt wird.

Vorversicherungszeit

ist ein zwingendes Erfordernis für den Anspruch auf Pflegeleistungen. Jeder Versicherte, der nach dem 1.1.2000 Leistungen in Anspruch nehmen will, muß in den letzten 10 Jahren vor Antragstellung mindestens 5 Jahre als Mitglied versichert oder familienversichert gewesen sein. In der Zeit vom 1. 1. 1996 bis 31. 12. 1999 gelten jeweils um ein Jahr gestufte Versicherungszeiten. Vor dem 1. 1. 1996 braucht keine Vorversicherungszeit zurückgelegt sein. Die ununterbrochene Zugehörigkeit zur privaten Pflegeversicherung wird auch in der sozialen Pflegeversicherung angerechnet. Bei Kindern wird die entsprechende Vorversicherungszeit der Eltern angerechnet.

Weiterversicherung

kommt für diejenigen in Betracht, die aus irgendwelchen Gründen, zum Beispiel Aufgabe der Erwerbstätigkeit, aus der Pflichtversicherung in der sozialen Pflegeversicherung herausfallen, und weder familienversichert sind noch der Pflichtversicherung in der privaten Pflegeversicherung unterliegen. Wenn die Versicherung darüber hinaus in den letzten 5 Jahren mindestens 24 Monate bzw. unmittelbar vor dem Ausscheiden mindestens 12 Monate bestand, können sich diese Personen auf Antrag weiterversichern. Der Antrag ist innerhalb von 3 Monaten nach dem Ausscheiden aus der Versicherungspflicht zu stellen.

Eine Weiterversicherung kommt auch dann in Betracht, wenn die Voraussetzungen der Familienversicherung erlöschen. Das ist zum Beispiel dann gegeben, wenn ein Ehegatte stirbt, aus der Pflegeversicherung ausscheidet oder die Ehe rechtskräftig geschieden wird. Bei Kindern ist dies der Fall, wenn sie die Altersgrenze überschreiten. Einzelheiten dazu lesen Sie unter dem Stichwort „Kinder".

Als Sonderfall ist insoweit geregelt, daß ein Neugeborenes in der sozialen Pflegeversicherung versichert werden kann, wenn die Familienversicherung an sich ausgeschlossen ist, weil das Gesamteinkommen des Ehegatten des Mitgliedes zu hoch ist (§ 25 Abs. 3 SGB V). Der Antrag ist nach der Geburt des Kindes zu stellen.

Auch bei der Verlegung des Wohnsitzes ins Ausland besteht die Möglichkeit der Weiterversicherung. Der Antrag ist innerhalb eines Monats bei der zuständigen Pflegekasse zu stellen. Es handelt sich um eine besondere Form der Anwartschaftsversicherung, für die geringe Beiträge zu zahlen sind, die aber dazu führen, daß die Vorversicherungszeiten (siehe dort) für den Fall einer Rückkehr abgedeckt sind.

Zusatzleistungen

Der Pflegebedürftige, der in einer Pflegeeinrichtung stationär untergebracht ist, kann mit seinem Pflegeheim besondere Komfortleistungen bei Unterkunft und Verpflegung und/oder zusätzliche pflegerisch-betreuende Leistungen vereinbaren. Voraussetzung ist zunächst, daß das Pflegeheim den Landesverbänden der Pflegekassen vorher das Leistungsangebot für Zusatzleistungen schriftlich mitgeteilt hat.

Wenn ein solcher Katalog von Zusatzleistungen besteht, kann der Pflegebedürftige vorab schriftlich vereinbaren, welche Zusatzleistungen er in Anspruch nehmen will. Diese Zusatzleistungen werden allerdings von den Pflegekassen nicht übernommen, sondern der Pflegebedürftige muß sie selbst vergüten.

Wichtige Bestimmungen für die Praxis

8

Pflege-Versicherungsgesetz – Auszug aus dem Originalwortlaut 110

Richtlinien der Spitzenverbände der Pflegekassen zur Pflegebedürftigkeit 175

Allgemeine Versicherungsbedingungen für die private Pflegepflichtversicherung 189

Wichtige Bestimmungen für die Praxis

Pflege-Versicherungsgesetz – Auszug aus dem Originalwortlaut

Artikel 1 Sozialgesetzbuch (SGB) – Elftes Buch (XI) – Soziale Pflegeversicherung

Erstes Kapitel Allgemeine Vorschriften

§ 1 Soziale Pflegeversicherung

(1) Zur sozialen Absicherung des Risikos der Pflegebedürftigkeit wird als neuer eigenständiger Zweig der Sozialversicherung eine soziale Pflegeversicherung geschaffen.
(2) In den Schutz der sozialen Pflegeversicherung sind kraft Gesetzes alle einbezogen, die in der gesetzlichen Krankenversicherung versichert sind. Wer gegen Krankheit bei einem privaten Krankenversicherungsunternehmen versichert ist, muß eine private Pflegeversicherung abschließen.
(3) Träger der sozialen Pflegeversicherung sind die Pflegekassen; ihre Aufgaben werden von den Krankenkassen (§ 4 des Fünften Buches) wahrgenommen.
(4) Die Pflegeversicherung hat die Aufgabe, Pflegebedürftigen Hilfe zu leisten, die wegen der Schwere der Pflegebedürftigkeit auf solidarische Unterstützung angewiesen sind.
(5) Die Leistungen der Pflegeversicherung werden in Stufen eingeführt: die Leistungen bei häuslicher Pflege vom 1. April 1995, die Leistungen bei stationärer Pflege vom 1. Juli 1996 an.
(6) Die Ausgaben der Pflegeversicherung werden durch Beiträge der Mitglieder und der Arbeitgeber finanziert. Die Beiträge richten sich nach den beitragspflichtigen Einnahmen der Mitglieder. Für versicherte Familienangehörige werden Beiträge nicht erhoben.

§ 2 Selbstbestimmung

(1) Die Leistungen der Pflegeversicherung sollen den Pflegebedürftigen helfen, trotz ihres Hilfebedarfs ein möglichst selbständiges und selbstbestimmtes Leben zu führen, das der Würde des Menschen entspricht. Die Hilfen sind darauf auszurichten, die körperlichen, geistigen und seelischen Kräfte der Pflegebedürftigen wiederzugewinnen oder zu erhalten.
(2) Die Pflegebedürftigen können zwischen Einrichtungen und Diensten verschiedener Träger wählen. Ihren Wünschen zur Gestaltung der Hilfe soll, soweit sie angemessen sind, im Rahmen des Leistungsrechts entsprochen werden.
(3) Auf die religiösen Bedürfnisse der Pflegebedürftigen ist Rücksicht zu nehmen. Auf ihren Wunsch hin sollen sie stationäre Leistungen in einer Einrichtung erhalten, in der sie durch Geistliche ihres Bekenntnisses betreut werden können.
(4) Die Pflegebedürftigen sind auf die Rechte nach den Absätzen 2 und 3 hinzuweisen.

§ 3 Vorrang der häuslichen Pflege

Die Pflegeversicherung soll mit ihren Leistungen vorrangig die häusliche Pflege und die Pflegebereitschaft der Angehörigen und Nachbarn unterstützen, damit die Pflegebedürftigen möglichst lange in ihrer häuslichen Umgebung bleiben können. Leistungen der teilstationären Pflege und der Kurzzeitpflege gehen den Leistungen der vollstationären Pflege vor.

§ 4 Art und Umfang der Leistungen

(1) Die Leistungen der Pflegeversicherung sind Dienst-, Sach- und Geldleistungen für den Bedarf an Grundpflege und hauswirtschaftlicher Versorgung sowie Kostenerstattung, soweit es dieses Buch vorsieht. Art und Umfang der Leistungen richten sich nach der Schwere der Pflegebedürftigkeit und danach, ob häusliche, teilstationäre oder vollstationäre Pflege in Anspruch genommen wird.

(2) Bei häuslicher und teilstationärer Pflege ergänzen die Leistungen der Pflegeversicherung die familiäre, nachbarschaftliche oder sonstige ehrenamtliche Pflege und Betreuung. Bei vollstationärer Pflege werden die Pflegebedürftigen von pflegebedingten Aufwendungen entlastet; die Aufwendungen für Unterkunft und Verpflegung tragen die Pflegebedürftigen selbst.
(3) Pflegekassen, Pflegeeinrichtungen und Pflegebedürftige haben darauf hinzuwirken, daß die Leistungen wirksam und wirtschaftlich erbracht und nur im notwendigen Umfang in Anspruch genommen werden.

§ 5 Vorrang von Prävention und Rehabilitation

(1) Die Pflegekassen wirken bei den zuständigen Leistungsträgern darauf hin, daß frühzeitig alle geeigneten Maßnahmen der Prävention, der Krankenbehandlung und der Rehabilitation eingeleitet werden, um den Eintritt von Pflegebedürftigkeit zu vermeiden.
(2) Die Leistungsträger haben im Rahmen ihres Leistungsrechts auch nach Eintritt der Pflegebedürftigkeit ihre medizinischen und ergänzenden Leistungen zur Rehabilitation in vollem Umfang einzusetzen und darauf hinzuwirken, die Pflegebedürftigkeit zu überwinden, zu mindern sowie eine Verschlimmerung zu verhindern.

§ 6 Eigenverantwortung

(1) Die Versicherten sollen durch gesundheitsbewußte Lebensführung, durch frühzeitige Beteiligung an Vorsorgemaßnahmen und durch aktive Mitwirkung an Krankenbehandlung und medizinischer Rehabilitation dazu beitragen, Pflegebedürftigkeit zu vermeiden.
(2) Nach Eintritt der Pflegebedürftigkeit haben die Pflegebedürftigen an Maßnahmen der medizinischen Rehabilitation und der aktivierenden Pflege mitzuwirken, um die Pflegebe-

dürftigkeit zu überwinden, zu mindern oder eine Verschlimmerung zu verhindern.

§ 7 Aufklärung, Beratung

(1) Die Pflegekassen haben die Eigenverantwortung der Versicherten durch Aufklärung und Beratung über eine gesunde, der Pflegebedürftigkeit vorbeugende Lebensführung zu unterstützen und auf die Teilnahme an gesundheitsfördernden Maßnahmen hinzuwirken.
(2) Die Pflegekassen haben die Versicherten und ihre Angehörigen in den mit der Pflegebedürftigkeit zusammenhängenden Fragen, insbesonderc übcr die Leistungen der Pflegekassen sowie über die Leistungen und Hilfen anderer Träger, zu unterrichten und zu beraten. Mit Einwilligung des Versicherten haben der behandelnde Arzt, das Krankenhaus, die Rehabilitations- und Vorsorgeeinrichtungen sowie die Sozialleistungsträger unverzüglich die zuständige Pflegekasse zu benachrichtigen, wenn sich der Eintritt von Pflegebedürftigkeit abzeichnet oder wenn Pflegebedürftigkeit festgestellt wird. Für die Beratung erforderliche personenbezogene Daten dürfen nur mit Einwilligung des Versicherten erhoben, verarbeitet und genutzt werden.

§ 8 Gemeinsame Verantwortung

(1) Die pflegerische Versorgung der Bevölkerung ist eine gesamtgesellschaftliche Aufgabe.
(2) Die Länder, die Kommunen, die Pflegeeinrichtungen und die Pflegekassen wirken unter Beteiligung des Medizinischen Dienstes eng zusammen, um eine leistungsfähige, regional gegliederte, ortsnahe und aufeinander abgestimmte ambulante und stationäre pflegerische Versorgung der Bevölkerung zu gewährleisten. Sie tragen zum Ausbau und zur Weiterentwicklung der notwendigen pflegerischen Versorgungsstrukturen bei; das gilt insbesondere für die Ergänzung des Angebots an häuslicher und stationärer Pflege durch neue

Formen der teilstationären Pflege und Kurzzeitpflege sowie für die Vorhaltung eines Angebots von die Pflege ergänzenden Maßnahmen der medizinischen Rehabilitation. Sie unterstützen und fördern darüber hinaus die Bereitschaft zu einer humanen Pflege und Betreuung durch hauptberufliche und ehrenamtliche Pflegekräfte sowie durch Angehörige, Nachbarn und Selbsthilfegruppen und wirken so auf eine neue Kultur des Helfens und der mitmenschlichen Zuwendung hin.

§ 9 Aufgaben der Länder

Die Länder sind verantwortlich für die Vorhaltung einer leistungsfähigen, zahlenmäßig ausreichenden und wirtschaftlichen pflegerischen Versorgungsstruktur. Das Nähere zur Planung und zur Förderung der Pflegeeinrichtungen wird durch Landesrecht bestimmt. Zur finanziellen Förderung der Investitionskosten der Pflegeeinrichtungen sollen Einsparungen eingesetzt werden, die den Trägern der Sozialhilfe durch die Einführung der Pflegeversicherung entstehen.

§ 10 Aufgaben des Bundes

(1) Beim Bundesministerium für Arbeit und Sozialordnung wird ein Ausschuß für Fragen der Pflegeversicherung gebildet, dem insbesondere die beteiligten Bundesressorts, die zuständigen obersten Landesbehörden, die kommunalen Spitzenverbände auf Bundesebene, die Spitzenverbände der gesetzlichen Krankenversicherung, der Medizinische Dienst der Spitzenverbände der Krankenkassen, der Verband der privaten Krankenversicherung e. V., die Bundesarbeitsgemeinschaft der Freien Wohlfahrtspflege, die Bundesverbände der Behinderten, die Verbände der privaten ambulanten Dienste und die Bundesverbände privater Alten- und Pflegeheime angehören.

(2) Dem Ausschuß obliegt die Beratung der Bundesregierung in allen Angelegenheiten, die einer leistungsfähigen und wirtschaftlichen Versorgung der Pflegebedürftigen dienen, insbesondere mit dem Ziel, die Durchführung dieses Buches zwischen Bund und Ländern abzustimmen und die soziale und private Pflegeversicherung zu verbessern und weiterzuentwickeln.
(3) Den Vorsitz und die Geschäfte führt das Bundesministerium für Arbeit und Sozialordnung.
(4) Das Bundesministerium für Arbeit und Sozialordnung berichtet den gesetzgebenden Körperschaften des Bundes im Abstand von drei Jahren, erstmals im Jahre 1997, über die Entwicklung der Pflegeversicherung, den Stand der pflegerischen Versorgung in der Bundesrepublik Deutschland und die Umsetzung der Empfehlungen und Vorschläge des Ausschusses für Fragen der Pflegeversicherung.

§ 11 Rechte und Pflichten der Pflegeeinrichtungen

(1) Die Pflegeeinrichtungen pflegen, versorgen und betreuen die Pflegebedürftigen, die ihre Leistungen in Anspruch nehmen, entsprechend dem allgemein anerkannten Stand medizinisch-pflegerischer Erkenntnisse. Inhalt und Organisation der Leistungen haben eine humane und aktivierende Pflege unter Achtung der Menschenwürde zu gewährleisten.
(2) Bei der Durchführung dieses Buches sind die Vielfalt der Träger von Pflegeeinrichtungen zu wahren sowie deren Selbständigkeit, Selbstverständnis und Unabhängigkeit zu achten. Dem Auftrag kirchlicher und sonstiger Träger der freien Wohlfahrtspflege, kranke, gebrechliche und pflegebedürftige Menschen zu pflegen, zu betreuen, zu trösten und sie im Sterben zu begleiten, ist Rechnung zu tragen. Freigemeinnützige und private Träger haben Vorrang gegenüber öffentlichen Trägern.
(3) Die Bestimmungen des Heimgesetzes bleiben unberührt.

§ 12 Aufgaben der Pflegekassen

(1) Die Pflegekassen sind für die Sicherstellung der pflegerischen Versorgung ihrer Versicherten verantwortlich. Sie arbeiten dabei mit allen an der pflegerischen, gesundheitlichen und sozialen Versorgung Beteiligten eng zusammen und wirken darauf hin, daß Mängel der pflegerischen Versorgungsstruktur beseitigt werden. Die Pflegekassen sollen zur Durchführung der ihnen gesetzlich übertragenen Aufgaben örtliche und regionale Arbeitsgemeinschaften bilden. § 94 Abs. 2 bis 4 des Zehnten Buches gilt entsprechend.
(2) Die Pflegekassen wirken mit den Trägern der ambulanten und der stationären gesundheitlichen und sozialen Versorgung partnerschaftlich zusammen, um die für den Pflegebedürftigen zur Verfügung stehenden Hilfen zu koordinieren. Sie stellen insbesondere sicher, daß im Einzelfall ärztliche Behandlung, Behandlungspflege, rehabilitative Maßnahmen, Grundpflege und hauswirtschaftliche Versorgung nahtlos und störungsfrei ineinandergreifen.

§ 13 Verhältnis der Leistungen der Pflegeversicherung zu anderen Sozialleistungen

(1) Den Leistungen der Pflegeversicherung gehen die Entschädigungsleistungen wegen Pflegebedürftigkeit

1. nach dem Bundesversorgungsgesetz und nach den Gesetzen, die eine entsprechende Anwendung des Bundesversorgungsgesetzes vorsehen,
2. aus der gesetzlichen Unfallversicherung und
3. aus öffentlichen Kassen auf Grund gesetzlich geregelter Unfallversorgung oder Unfallfürsorge

vor.
(2) Die Leistungen der häuslichen Krankenpflege nach § 37 des Fünften Buches bleiben unberührt.
(3) Die Leistungen der Pflegeversicherung gehen den Fürsorgeleistungen zur Pflege

1. nach dem Bundessozialhilfegesetz,
2. nach dem Lastenausgleichsgesetz, dem Reparationsschädengesetz und dem Flüchtlingshilfegesetz,
3. nach dem Bundesversorgungsgesetz (Kriegsopferfürsorge) und nach den Gesetzen, die eine entsprechende Anwendung des Bundesversorgungsgesetzes vorsehen,

vor. Weitergehende Leistungen zur Pflege nach diesen Gesetzen sowie die Leistungen der Eingliederungshilfe nach dem Bundessozialhilfegesetz und dem Achten Buch bleiben unberührt.

(4) Treffen Pflegeleistungen mit Leistungen der Eingliederungshilfe oder mit weitergehenden Pflegeleistungen nach dem Bundessozialhilfegesetz zusammen, sollen die Pflegekassen und der Träger der Sozialhilfe vereinbaren, daß im Verhältnis zum Pflegebedürftigen nur eine Stelle die Leistungen übernimmt und die andere Stelle die Kosten der von ihr zu tragenden Leistungen erstattet.

(5) Die Leistungen der Pflegeversicherung bleiben als Einkommen bei Sozialleistungen, deren Gewährung von anderen Einkommen abhängig ist, unberücksichtigt. Satz 1 gilt entsprechend bei Vertragsleistungen aus privaten Pflegeversicherungen, die der Art und dem Umfang nach den Leistungen der sozialen Pflegeversicherung gleichwertig sind. Rechtsvorschriften, die weitergehende oder ergänzende Leistungen aus einer privaten Pflegeversicherung von der Einkommensermittlung ausschließen, bleiben unberührt.

Zweites Kapitel
Leistungsberechtigter Personenkreis

§ 14 Begriff der Pflegebedürftigkeit

(1) Pflegebedürftig im Sinne dieses Buches sind Personen, die wegen einer körperlichen, geistigen oder seelischen Krankheit oder Behinderung für die gewöhnlichen und regel-

mäßig wiederkehrenden Verrichtungen im Ablauf des täglichen Lebens auf Dauer, voraussichtlich für mindestens sechs Monate, in erheblichem oder höherem Maße (§ 15) der Hilfe bedürfen.

(2) Krankheiten oder Behinderungen im Sinne des Absatzes 1 sind:

1. Verluste, Lähmungen oder andere Funktionsstörungen am Stütz- und Bewegungsapparat,
2. Funktionsstörungen der inneren Organe oder der Sinnesorgane,
3. Störungen des Zentralnervensystems wie Antriebs-, Gedächtnis- oder Orientierungsstörungen sowie endogene Psychosen, Neurosen oder geistige Behinderungen.

(3) Die Hilfe im Sinne des Absatzes 1 besteht in der Unterstützung, in der teilweisen oder vollständigen Übernahme der Verrichtungen im Ablauf des täglichen Lebens oder in Beaufsichtigung oder Anleitung mit dem Ziel der eigenständigen Übernahme dieser Verrichtungen.

(4) Gewöhnliche und regelmäßig wiederkehrende Verrichtungen im Sinne des Absatzes 1 sind:

1. im Bereich der Körperpflege das Waschen, Duschen, Baden, die Zahnpflege, das Kämmen, Rasieren, die Darm- oder Blasenentleerung,
2. im Bereich der Ernährung das mundgerechte Zubereiten oder die Aufnahme der Nahrung,
3. im Bereich der Mobilität das selbständige Aufstehen und Zu-Bett-Gehen, An- und Auskleiden, Gehen, Stehen, Treppensteigen oder das Verlassen und Wiederaufsuchen der Wohnung,
4. im Bereich der hauswirtschaftlichen Versorgung das Einkaufen, Kochen, Reinigen der Wohung, Spülen, Wechseln und Waschen der Wäsche und Kleidung oder das Beheizen.

§ 15 Stufen der Pflegebedürftigkeit

(1) Für die Gewährung von Leistungen nach diesem Gesetz sind pflegebedürftige Personen (§ 14) einer der folgenden drei Pflegestufen zuzuordnen:

1. Pflegebedürftige der Pflegestufe I (erheblich Pflegebedürftige) sind Personen, die bei der Körperpflege, der Ernährung oder der Mobilität für wenigstens zwei Verrichtungen aus einem oder mehreren Bereichen mindestens einmal täglich der Hilfe bedürfen und zusätzlich mehrfach in der Woche Hilfen bei der hauswirtschaftlichen Versorgung benötigen.
2. Pflegebedürftige der Pflegestufe II (Schwerpflegebedürftige) sind Personen, die bei der Körperpflege, der Ernährung oder der Mobilität mindestens dreimal täglich zu verschiedenen Tageszeiten der Hilfe bedürfen und zusätzlich mehrfach in der Woche Hilfen bei der hauswirtschaftlichen Versorgung benötigen.
3. Pflegebedürftige der Pflegestufe III (Schwerstpflegebedürftige) sind Personen, die bei der Körperpflege, der Ernährung oder der Mobilität täglich rund um die Uhr, auch nachts, der Hilfe bedürfen und zusätzlich mehrfach in der Woche Hilfen bei der hauswirtschaftlichen Versorgung benötigen.

(2) Bei Kindern ist für die Zuordnung der zusätzliche Hilfebedarf gegenüber einem gesunden gleichaltrigen Kind maßgebend.

(3) In der Verordnung nach § 16 und den Richtlinien nach § 17 ist näher zu regeln, welcher zeitliche Pflegeaufwand in den einzelnen Pflegestufen jeweils mindestens erforderlich ist.

§ 16 Verordnungsermächtigung

Das Bundesministerium für Arbeit und Sozialordnung wird ermächtigt, im Einvernehmen mit dem Bundesministerium für Familie und Senioren und dem Bundesministerium für Gesundheit durch Rechtsverordnung mit Zustimmung des Bundesrates Vorschriften zur näheren Abgrenzung der in § 14 genannten Merkmale der Pflegebedürftigkeit sowie der Pflegestufen nach § 15 zu erlassen.

§ 17 Richtlinien der Pflegekassen

(1) Die Spitzenverbände der Pflegekassen beschließen im Interesse einer einheitlichen Rechtsanwendung gemeinsam und einheitlich unter Beteiligung des Medizinischen Dienstes der Spitzenverbände der Krankenkassen Richtlinien zur näheren Abgrenzung der in § 14 genannten Merkmale der Pflegebedürftigkeit, der Pflegestufen nach § 15 und zum Verfahren der Feststellung der Pflegebedürftigkeit. Sie haben die Kassenärztliche Bundesvereinigung, die Bundesverbände der Pflegeberufe und der Behinderten, die Bundesarbeitsgemeinschaft der Freien Wohlfahrtspflege, die Bundesarbeitsgemeinschaft der überörtlichen Träger der Sozialhilfe, die kommunalen Spitzenverbände auf Bundesebene, die Bundesverbände privater Alten- und Pflegeheime sowie die Verbände der privaten ambulanten Dienste zu beteiligen. Die Spitzenverbände der Pflegekassen beschließen unter Beteiligung des Medizinischen Dienstes der Spitzenverbände der Krankenkassen gemeinsam und einheitlich Richtlinien zur Anwendung der Härtefallregelungen des § 36 Abs. 4 und des § 43 Abs. 2.
(2) Die Richtlinien nach Absatz 1 werden erst wirksam, wenn das Bundesministerium für Arbeit und Sozialordnung sie genehmigt. Die Genehmigung gilt als erteilt, wenn die Richtlinien nicht innerhalb eines Monats, nachdem sie dem Bundesministerium für Arbeit und Sozialordnung vorgelegt worden sind, beanstandet werden. Beanstandungen des Bundesministeriums für Arbeit und Sozialordnung sind innerhalb der von ihm gesetzten Frist zu beheben.

§ 18 Verfahren zur Feststellung der Pflegebedürftigkeit

(1) Die Pflegekassen haben durch den Medizinischen Dienst der Krankenversicherung prüfen zu lassen, ob die Voraussetzungen der Pflegebedürftigkeit erfüllt sind und welche Stufe der Pflegebedürftigkeit vorliegt. Im Rahmen dieser Prüfungen hat der Medizinische Dienst auch Feststellungen darüber zu treffen, ob und in welchem Umfang Maßnahmen zur Beseitigung, Minderung oder Verhütung einer Verschlimmerung der Pflegebedürftigkeit einschließlich der medizinischen Rehabilitation geeignet, notwendig und zumutbar sind; insoweit haben Versicherte einen Anspruch gegen den zuständigen Träger auf Leistungen zur ambulanten medizinischen Rehabilitation mit Ausnahme von Kuren.

(2) Der Medizinische Dienst hat den Versicherten in seinem Wohnbereich zu untersuchen. Erteilt der Versicherte dazu nicht sein Einverständnis, kann die Pflegekasse die beantragten Leistungen verweigern. Die §§ 65, 66 des Ersten Buches bleiben unberührt. Die Untersuchung im Wohnbereich des Pflegebedürftigen kann ausnahmsweise unterbleiben, wenn auf Grund einer eindeutigen Aktenlage das Ergebnis der medizinischen Untersuchung bereits feststeht. Die Untersuchung ist in angemessenen Zeitabständen zu wiederholen.

(3) Der Medizinische Dienst soll, soweit der Versicherte einwilligt, die behandelnden Ärzte des Versicherten, insbesondere die Hausärzte, in die Begutachtung einbeziehen und ärztliche Auskünfte und Unterlagen über die für die Begutachtung der Pflegebedürftigkeit wichtigen Vorerkrankungen sowie Art, Umfang und Dauer der Hilfebedürftigkeit einholen.

(4) Die Pflege- und Krankenkassen sowie die Leistungserbringer sind verpflichtet, dem Medizinischen Dienst die für die Begutachtung erforderlichen Unterlagen vorzulegen und Auskünfte zu erteilen. § 276 Abs. 1 Satz 2 und 3 des Fünften Buches gilt entsprechend.

(5) Der Medizinische Dienst hat der Pflegekasse das Ergebnis seiner Prüfung mitzuteilen und Maßnahmen zur Rehabilitation, Art und Umfang von Pflegeleistungen sowie einen individuellen Pflegeplan zu empfehlen. Beantragt der Pflegebedürftige Pflegegeld, hat sich die Stellungnahme auch darauf zu erstrecken, ob die häusliche Pflege in geeigneter Weise sichergestellt ist.
(6) Die Aufgaben des Medizinischen Dienstes werden durch Ärzte in enger Zusammenarbeit mit Pflegefachkräften und anderen geeigneten Fachkräften wahrgenommen. Der Medizinische Dienst ist befugt, den Pflegefachkräften oder sonstigen geeigneten Fachkräften, die nicht dem Medizinischen Dienst angehören, die für deren jeweilige Beteiligung erforderlichen personenbezogenen Daten zu übermitteln.

§ 19 Begriff der Pflegepersonen

Pflegepersonen im Sinne dieses Buches sind Personen, die nicht erwerbsmäßig einen Pflegebedürftigen im Sinne des § 14 wenigstens 14 Stunden wöchentlich in seiner häuslichen Umgebung pflegen.

Drittes Kapitel
Versicherungspflichtiger Personenkreis

§ 20 Versicherungspflicht in der sozialen Pflegeversicherung für Mitglieder der gesetzlichen Krankenversicherung

(1) Versicherungspflichtig in der sozialen Pflegeversicherung sind die versicherungspflichtigen Mitglieder der gesetzlichen Krankenversicherung. Dies sind:
1. Arbeiter, Angestellte und zu ihrer Berufsausbildung Beschäftigte, die gegen Arbeitsentgelt beschäftigt sind,
2. Personen, die Arbeitslosengeld, Arbeitslosenhilfe, Eingliederungsgeld, Eingliederungshilfe für Spätaussiedler, Unterhaltsgeld oder Altersübergangsgeld nach dem Arbeitsförderungsgesetz beziehen,

3. Landwirte, ihre mitarbeitenden Familienangehörigen und Altenteiler, die nach § 2 des Zweiten Gesetzes über die Krankenversicherung der Landwirte versicherungspflichtig sind,
4. selbständige Künstler und Publizisten nach näherer Bestimmung des Künstlersozialversicherungsgesetzes,
5. Personen, die in Einrichtungen der Jugendhilfe, in Berufsbildungswerken oder in ähnlichen Einrichtungen für Behinderte für eine Erwerbstätigkeit befähigt werden sollen,
6. Teilnehmer an berufsfördernden Maßnahmen zur Rehabilitation sowie an Berufsfindung oder Arbeitserprobung, es sei denn, die Maßnahmen werden nach den Vorschriften des Bundesversorgungsgesetzes erbracht,
7. Behinderte, die in nach dem Schwerbehindertengesetz anerkannten Werkstätten für Behinderte oder in nach dem Blindenwarenvertriebsgesetz anerkannten Blindenwerkstätten oder für diese Einrichtungen in Heimarbeit tätig sind,
8. Behinderte, die in Anstalten, Heimen oder gleichartigen Einrichtungen in gewisser Regelmäßigkeit eine Leistung erbringen, die einem Fünftel der Leistung eines voll erwerbsfähigen Beschäftigten in gleichartiger Beschäftigung entspricht; hierzu zählen auch Dienstleistungen für den Träger der Einrichtung,
9. Studenten, die an staatlichen oder staatlich anerkannten Hochschulen eingeschrieben sind, soweit sie nach § 5 Abs. 1 Nr. 9 des Fünften Buches der Krankenversicherungspflicht unterliegen,
10. Personen, die zu ihrer Berufsausbildung ohne Arbeitsentgelt beschäftigt sind oder die eine Fachschule oder Berufsfachschule besuchen oder eine in Studien- oder Prüfungsordnungen vorgeschriebene berufspraktische Tätigkeit verrichten (Praktikanten); Auszubildende des Zweiten Bildungsweges, die sich in einem nach dem

Bundesausbildungsförderungsgesetz förderungsfähigen Teil eines Ausbildungsabschnittes befinden, sind Praktikanten gleichgestellt,

11. Personen, die die Voraussetzungen für den Anspruch auf eine Rente aus der gesetzlichen Rentenversicherung erfüllen und diese Rente beantragt haben, soweit sie nach § 5 Abs. 1 Nr. 11 oder 12 des Fünften Buches der Krankenversicherungspflicht unterliegen.

(2) Als gegen Arbeitsentgelt beschäftigte Arbeiter und Angestellte im Sinne des Absatzes 1 Nr. 1 gelten Bezieher von Vorruhestandsgeld, wenn sie unmittelbar vor Bezug des Vorruhestandsgeldes versicherungspflichtig waren und das Vorruhestandsgeld mindestens in Höhe von 65 vom Hundert des Bruttoarbeitsentgelts im Sinne des § 3 Abs. 2 des Vorruhestandsgesetzes gezahlt wird. Satz 1 gilt nicht für Personen, die im Ausland ihren Wohnsitz oder gewöhnlichen Aufenthalt in einem Staat haben, mit dem für Arbeitnehmer mit Wohnsitz oder gewöhnlichem Aufenthalt in diesem Staat keine über- oder zwischenstaatlichen Regelungen über Sachleistungen bei Krankheit bestehen.

(3) Freiwillige Mitglieder der gesetzlichen Krankenversicherung sind versicherungspflichtig in der sozialen Pflegeversicherung.

(4) Nehmen Personen, die mindestens zehn Jahre nicht in der sozialen Pflegeversicherung oder der gesetzlichen Krankenversicherung versicherungspflichtig waren, eine dem äußeren Anschein nach versicherungspflichtige Beschäftigung oder selbständige Tätigkeit von untergeordneter wirtschaftlicher Bedeutung auf, besteht die widerlegbare Vermutung, daß eine die Versicherungspflicht begründende Beschäftigung nach Absatz 1 Nr. 1 oder eine versicherungspflichtige selbständige Tätigkeit nach Absatz 1 Nr. 3 oder 4 tatsächlich nicht ausgeübt wird. Dies gilt insbesondere für eine Beschäftigung bei Familienangehörigen.

§ 21 Versicherungspflicht in der sozialen Pflegeversicherung für sonstige Personen

Versicherungspflicht in der sozialen Pflegeversicherung besteht auch für Personen mit Wohnsitz oder gewöhnlichem Aufenthalt im Inland, die

1. nach dem Bundesversorgungsgesetz oder nach Gesetzen, die eine entsprechende Anwendung des Bundesversorgungsgesetzes vorsehen, einen Anspruch auf Heilbehandlung oder Krankenbehandlung haben,
2. Kriegsschadenrente oder vergleichbare Leistungen nach dem Lastenausgleichsgesetz oder dem Reparationsschädengesetz oder laufende Beihilfe nach dem Flüchtlingshilfegesetz beziehen,
3. ergänzende Hilfe zum Lebensunterhalt im Rahmen der Kriegsopferfürsorge nach dem Bundesversorgungsgesetz oder nach Gesetzen beziehen, die eine entsprechende Anwendung des Bundesversorgungsgesetzes vorsehen,
4. laufende Leistungen zum Unterhalt und Leistungen der Krankenhilfe nach dem Achten Buch beziehen,
5. krankenversorgungsberechtigt nach dem Bundesentschädigungsgesetz sind,
6. in das Dienstverhältnis eines Soldaten auf Zeit berufen worden sind,

wenn sie gegen das Risiko Krankheit weder in der gesetzlichen Krankenversicherung noch bei einem privaten Krankenversicherungsunternehmen versichert sind.

§ 22 Befreiung von der Versicherungspflicht

(1) Personen, die nach § 20 Abs. 3 in der sozialen Pflegeversicherung versicherungspflichtig sind, können auf Antrag von der Versicherungspflicht befreit werden, wenn sie nachweisen, daß sie bei einem privaten Versicherungsunternehmen gegen Pflegebedürftigkeit versichert sind und für sich und ihre Angehörigen, die bei Versicherungspflicht nach § 25

versichert wären, Leistungen beanspruchen können, die nach Art und Umfang den Leistungen des Vierten Kapitels gleichwertig sind. Die befreiten Personen sind verpflichtet, den Versicherungsvertrag aufrechtzuerhalten, solange sie krankenversichert sind. Personen, die bei Pflegebedürftigkeit Beihilfeleistungen erhalten, sind zum Abschluß einer entsprechenden anteiligen Versicherung im Sinne des Satzes 1 verpflichtet.

(2) Der Antrag kann nur innerhalb von drei Monaten nach Beginn der Versicherungspflicht bei der Pflegekasse gestellt werden. Die Befreiung wirkt vom Beginn der Versicherungspflicht an, wenn seit diesem Zeitpunkt noch keine Leistungen in Anspruch genommen wurden, sonst vom Beginn des Kalendermonats an, der auf die Antragstellung folgt. Die Befreiung kann nicht widerrufen werden.

§ 23 Versicherungspflicht für Versicherte der privaten Krankenversicherungsunternehmen

(1) Personen, die gegen das Risiko Krankheit bei einem privaten Krankenversicherungsunternehmen mit Anspruch auf allgemeine Krankenhausleistungen versichert sind, sind vorbehaltlich des Absatzes 2 verpflichtet, bei diesem Unternehmen zur Absicherung des Risikos der Pflegebedürftigkeit einen Versicherungsvertrag abzuschließen und aufrechtzuerhalten. Der Vertrag muß ab dem Zeitpunkt des Eintritts der Versicherungspflicht für sie selbst und ihre Angehörigen, für die in der sozialen Pflegeversicherung nach § 25 eine Familienversicherung bestünde, Vertragsleistungen vorsehen, die nach Art und Umfang den Leistungen des Vierten Kapitels gleichwertig sind. Dabei tritt an die Stelle der Sachleistungen eine der Höhe nach gleiche Kostenerstattung.

(2) Der Vertrag nach Absatz 1 kann auch bei einem anderen privaten Versicherungsunternehmen abgeschlossen werden. Das Wahlrecht ist innerhalb von sechs Monaten auszuüben.

Die Frist beginnt mit dem Eintritt der individuellen Versicherungspflicht. Das Recht zur Kündigung des Vertrages wird durch den Ablauf der Frist nicht berührt.

(3) Personen, die nach beamtenrechtlichen Vorschriften oder Grundsätzen bei Pflegebedürftigkeit Anspruch auf Beihilfe haben, sind zum Abschluß einer entsprechenden anteiligen beihilfekonformen Versicherung im Sinne des Absatzes 1 verpflichtet, sofern sie nicht nach § 20 Abs. 3 versicherungspflichtig sind.

(4) Die Absätze 1 bis 3 gelten entsprechend für

1. Heilfürsorgeberechtigte, die nicht in der sozialen Pflegeversicherung versicherungspflichtig sind,
2. Mitglieder der Postbeamtenkrankenkasse und
3. Mitglieder der Krankenversorgung der Bundesbahnbeamten.

(5) Die Absätze 1, 3 und 4 gelten nicht für Personen, die sich auf nicht absehbare Dauer in stationärer Pflege befinden und bereits Pflegeleistungen nach § 35 Abs. 6 des Bundesversorgungsgesetzes, nach § 558 Abs. 2 Nr. 2 der Reichsversicherungsordnung, nach § 34 des Beamtenversorgungsgesetzes oder nach den Gesetzen erhalten, die eine entsprechende Anwendung des Bundesversorgungsgesetzes vorsehen, sofern sie keine Familienangehörigen haben, für die in der sozialen Pflegeversicherung nach § 25 eine Familienversicherung bestünde.

(6) Das private Krankenversicherungsunternehmen oder ein anderes die Pflegeversicherung betreibendes Versicherungsunternehmen sind verpflichtet,

1. für die Feststellung der Pflegebedürftigkeit sowie für die Zuordnung zu einer Pflegestufe dieselben Maßstäbe wie in der sozialen Pflegeversicherung anzulegen und
2. die in der sozialen Pflegeversicherung zurückgelegte Versicherungszeit des Mitglieds und seiner nach § 25 familienversicherten Angehörigen auf die Wartezeit anzurechnen.

§ 24 Versicherungspflicht der Abgeordneten

Mitglieder des Bundestages, des Europäischen Parlaments und der Parlamente der Länder (Abgeordnete) sind unbeschadet einer bereits nach § 20 Abs. 3 oder § 23 Abs. 1 bestehenden Versicherungspflicht verpflichtet, gegenüber dem jeweiligen Parlamentspräsidenten nachzuweisen, daß sie sich gegen das Risiko der Pflegebedürftigkeit versichert haben. Das gleiche gilt für die Bezieher von Versorgungsleistungen nach den jeweiligen Abgeordnetengesetzen des Bundes und der Länder.

§ 25 Familienversicherung

(1) Versichert sind der Ehegatte und die Kinder von Mitgliedern, wenn diese Familienangehörigen

1. ihren Wohnsitz oder gewöhnlichen Aufenthalt im Inland haben,
2. nicht nach § 20 Abs. 1 Nr. 1 bis 8 oder 11 oder nach § 20 Abs. 3 versicherungspflichtig sind,
3. nicht nach § 22 von der Versicherungspflicht befreit oder nach § 23 in der privaten Pflegeversicherung pflichtversichert sind,
4. nicht hauptberuflich selbständig erwerbstätig sind und
5. kein Gesamteinkommen haben, das regelmäßig im Monat ein Siebtel der monatlichen Bezugsgröße nach § 18 des Vierten Buches überschreitet; bei Renten wird der Zahlbetrag berücksichtigt.

§ 7 Abs. 1 Satz 3 und 4 und Abs. 2 des Zweiten Gesetzes über die Krankenversicherung der Landwirte gilt entsprechend.

(2) Kinder sind versichert:

1. bis zur Vollendung des 18. Lebensjahres,
2. bis zur Vollendung des 23. Lebensjahres, wenn sie nicht erwerbstätig sind,

3. bis zur Vollendung des 25. Lebensjahres, wenn sie sich in Schul- oder Berufsausbildung befinden oder ein freiwilliges soziales Jahr im Sinne des Gesetzes zur Förderung eines freiwilligen sozialen Jahres oder ein freiwilliges ökologisches Jahr im Sinne des Gesetzes zur Förderung eines freiwilligen ökologischen Jahres leisten; wird die Schul- oder Berufsausbildung durch Erfüllung einer gesetzlichen Dienstpflicht des Kindes unterbrochen oder verzögert, besteht die Versicherung auch für einen der Dauer dieses Dienstes entsprechenden Zeitraum über das 25. Lebensjahr hinaus,
4. ohne Altersgrenze, wenn sie wegen körperlicher, geistiger oder seelischer Behinderung außerstande sind, sich selbst zu unterhalten; Voraussetzung ist, daß die Behinderung zu einem Zeitpunkt vorlag, in dem das Kind nach Nummer 1, 2 oder 3 versichert war.

§ 10 Abs. 4 und 5 des Fünften Buches gilt entsprechend.

(3) Kinder sind nicht versichert, wenn der mit den Kindern verwandte Ehegatte des Mitglieds nach § 22 von der Versicherungspflicht befreit oder nach § 23 in der privaten Pflegeversicherung pflichtversichert ist und sein Gesamteinkommen regelmäßig im Monat ein Zwölftel der Beitragsbemessungsgrenze übersteigt und regelmäßig höher als das Gesamteinkommen des Mitglieds ist; bei Renten wird der Zahlbetrag berücksichtigt.

(4) Die Versicherung nach Absatz 2 Nr. 1, 2 und 3 bleibt bei Personen, die auf Grund gesetzlicher Pflicht mehr als drei Tage Wehrdienst oder Zivildienst leisten, für die Dauer des Dienstes bestehen.

§ 26 Weiterversicherung

(1) Personen, die aus der Versicherungspflicht nach § 20 oder § 21 ausgeschieden sind und in den letzten fünf Jahren vor dem Ausscheiden mindestens 24 Monate oder unmittelbar vor dem Ausscheiden mindestens zwölf Monate versichert

waren, können sich auf Antrag in der sozialen Pflegeversicherung weiterversichern, sofern für sie keine Versicherungspflicht nach § 23 Abs. 1 eintritt. Dies gilt auch für Personen, deren Familienversicherung nach § 25 erlischt oder nur deswegen nicht besteht, weil die Voraussetzungen des § 25 Abs. 3 vorliegen. Der Antrag ist in den Fällen des Satzes 1 innerhalb von drei Monaten nach Beendigung der Mitgliedschaft, in den Fällen des Satzes 2 nach Beendigung der Familienversicherung oder nach Geburt des Kindes bei der zuständigen Pflegekasse zu stellen.
(2) Personen, die wegen der Verlegung ihres Wohnsitzes oder gewöhnlichen Aufenthaltes ins Ausland aus der Versicherungspflicht ausscheiden, können sich auf Antrag weiterversichern. Der Antrag ist bis spätestens einen Monat nach Ausscheiden aus der Versicherungspflicht bei der Pflegekasse zu stellen, bei der die Versicherung zuletzt bestand. Die Weiterversicherung erstreckt sich auch auf die nach § 25 versicherten Familienangehörigen, die gemeinsam mit dem Mitglied ihren Wohnsitz oder gewöhnlichen Aufenthalt in das Ausland verlegen. Für Familienangehörige, die im Inland verbleiben, endet die Familienversicherung nach § 25 mit dem Tag, an dem das Mitglied seinen Wohnsitz oder gewöhnlichen Aufenthalt ins Ausland verlegt.

§ 27 Kündigung eines privaten Pflegeversicherungsvertrages

Personen, die nach den §§ 20 oder 21 versicherungspflichtig werden und bei einem privaten Krankenversicherungsunternehmen gegen Pflegebedürftigkeit versichert sind, können ihren Versicherungsvertrag mit Wirkung vom Eintritt der Versicherungspflicht an kündigen. Das Kündigungsrecht gilt auch für Familienangehörige, wenn für sie eine Familienversicherung nach § 25 eintritt.

Viertes Kapitel
Leistungen der Pflegeversicherung
Erster Abschnitt
Übersicht über die Leistungen

§ 28 Leistungsarten, Grundsätze

(1) Die Pflegeversicherung gewährt folgende Leistungen:

1. Pflegesachleistung (§ 36),
2. Pflegegeld für selbst beschaffte Pflegehilfen (§ 37),
3. Kombination von Geldleistung und Sachleistung (§ 38),
4. häusliche Pflege bei Verhinderung der Pflegeperson (§ 39),
5. Pflegehilfsmittel und technische Hilfen (§ 40),
6. Tagespflege und Nachtpflege (§ 41),
7. Kurzzeitpflege (§ 42),
8. vollstationäre Pflege (§ 43),
9. Leistungen zur sozialen Sicherung der Pflegepersonen (§ 44),
10. Pflegekurse für Angehörige und ehrenamtliche Pflegepersonen (§ 45).

(2) Personen, die nach beamtenrechtlichen Vorschriften oder Grundsätzen bei Krankheit und Pflege Anspruch auf Beihilfe oder Heilfürsorge haben, erhalten die jeweils zustehenden Leistungen zur Hälfte; dies gilt auch für den Wert von Sachleistungen.

(3) Die Pflegekassen und die Leistungserbringer haben sicherzustellen, daß die Leistungen nach Absatz 1 nach allgemein anerkanntem Stand medizinisch-pflegerischer Erkenntnisse erbracht werden.

(4) Die Pflege soll auch die Aktivierung des Pflegebedürftigen zum Ziel haben, um vorhandene Fähigkeiten zu erhalten und, soweit dies möglich ist, verlorene Fähigkeiten zurückzugewinnen. Um der Gefahr einer Vereinsamung des Pflegebedürftigen entgegenzuwirken, sollen bei der Leistungserbrin-

gung auch die Bedürfnisse des Pflegebedürftigen nach Kommunikation berücksichtigt werden.

Zweiter Abschnitt
Gemeinsame Vorschriften

§ 29 Wirtschaftlichkeitsgebot

(1) Die Leistungen müssen wirksam und wirtschaftlich sein; sie dürfen das Maß des Notwendigen nicht übersteigen. Leistungen, die diese Voraussetzungen nicht erfüllen, können Pflegebedürftige nicht beanspruchen, dürfen die Pflegekassen nicht bewilligen und dürfen die Leistungserbringer nicht zu Lasten der sozialen Pflegeversicherung bewirken.
(2) Leistungen dürfen nur bei Leistungserbringern in Anspruch genommen werden, mit denen die Pflegekassen oder die für sie tätigen Verbände Verträge abgeschlossen haben.

§ 30 Dynamisierung

Die Bundesregierung wird ermächtigt, durch Rechtsverordnung mit Zustimmung des Bundesrates die Höhe der Leistungen im Rahmen des geltenden Beitragssatzes (§ 55 Abs. 1) und der sich daraus ergebenden Einnahmenentwicklung anzupassen.

§ 31 Vorrang der Rehabilitation vor Pflege

(1) Die Pflegekassen prüfen im Einzelfall, welche Leistungen zur Rehabilitation geeignet und zumutbar sind, Pflegebedürftigkeit zu überwinden, zu mindern oder ihre Verschlimmerung zu verhüten. Werden Leistungen nach diesem Buch gewährt, ist bei Nachuntersuchungen die Frage geeigneter und zumutbarer Leistungen zur Rehabilitation mit zu prüfen.

(2) Die Pflegekassen haben bei der Einleitung und Ausführung der Leistungen zur Pflege sowie bei Beratung, Auskunft und Aufklärung mit den Trägern der Rehabilitation eng zusammenzuarbeiten, um Pflegebedürftigkeit zu vermeiden, zu überwinden, zu mindern oder ihre Verschlimmerung zu verhüten.
(3) Wenn eine Pflegekasse feststellt, daß im Einzelfall Leistungen zur Rehabilitation angezeigt sind, hat sie dies dem zuständigen Träger der Rehabilitation unverzüglich mitzuteilen.
(4) Die Pflegekassen unterstützen die Versicherten auch bei der Inanspruchnahme von Leistungen zur Rehabilitation, insbesondere bei der Antragstellung.

§ 32 Vorläufige Leistungen zur Rehabilitation

(1) Die Pflegekasse kann ambulante medizinische Leistungen zur Rehabilitation ausnahmsweise vorläufig erbringen, wenn eine sofortige Leistungserbringung erforderlich ist, um eine unmittelbar drohende Pflegebedürftigkeit zu vermeiden, eine bestehende Pflegebedürftigkeit zu überwinden, zu mindern oder eine Verschlimmerung der Pflegebedürftigkeit zu verhüten, und sonst die sofortige Einleitung der Maßnahmen gefährdet wäre.
(2) Die Pflegekasse hat zuvor den zuständigen Träger zu unterrichten und auf die Eilbedürftigkeit der Leistungsgewährung hinzuweisen; wird dieser nicht rechtzeitig tätig, erbringt die Pflegekasse die Leistungen vorläufig.

§ 33 Leistungsvoraussetzungen

(1) Versicherte erhalten die Leistungen der Pflegeversicherung auf Antrag. Die Leistungen werden ab Antragstellung gewährt, frühestens jedoch von dem Zeitpunkt an, in dem die Anspruchsvoraussetzungen vorliegen. Wird der Antrag später als einen Monat nach Eintritt der Pflegebedürftigkeit

gestellt, werden die Leistungen vom Beginn des Monats der Antragstellung an gewährt.

(2) Anspruch auf Leistungen besteht:

1. in der Zeit vom 1. Januar 1996 bis 31. Dezember 1996, wenn der Versicherte vor der Antragstellung mindestens ein Jahr,
2. in der Zeit vom 1. Januar 1997 bis 31. Dezember 1997, wenn der Versicherte vor der Antragstellung mindestens zwei Jahre,
3. in der Zeit vom 1. Januar 1998 bis 31. Dezember 1998, wenn der Versicherte vor der Antragstellung mindestens drei Jahre,
4. in der Zeit vom 1. Januar 1999 bis 31. Dezember 1999, wenn der Versicherte vor der Antragstellung mindestens vier Jahre,
5. in der Zeit ab 1. Januar 2000, wenn der Versicherte in den letzten zehn Jahren vor der Antragstellung mindestens fünf Jahre,

als Mitglied versichert oder nach § 25 familienversichert war. Zeiten der Weiterversicherung nach § 26 Abs. 2 werden bei der Ermittlung der nach Satz 1 erforderlichen Vorversicherungszeit mitberücksichtigt. Für versicherte Kinder gilt die Vorversicherungszeit nach Satz 1 als erfüllt, wenn ein Elternteil sie erfüllt.

(3) Personen, die wegen des Eintritts von Versicherungspflicht in der sozialen Pflegeversicherung aus der privaten Pflegeversicherung ausscheiden, ist die dort ununterbrochen zurückgelegte Versicherungszeit auf die Vorversicherungszeit nach Absatz 2 anzurechnen.

(4) Absatz 2 gilt nicht für Personen, für die auf Grund der Regelung des Artikels 28 des Gesetzes zur Sicherung und Strukturverbesserung der gesetzlichen Krankenversicherung vom 21. Dezember 1992 (BGBl. I S. 2266) zum 1. Januar 1997 Versicherungspflicht in der gesetzlichen Krankenversicherung und damit nach § 20 Versicherungspflicht in der sozialen Pflegeversicherung eintritt.

§ 34 Ruhen der Leistungsansprüche

(1) Der Anspruch auf Leistungen ruht:

1. solange sich Versicherte im Ausland aufhalten, und zwar auch dann, wenn sie dort während eines vorübergehenden Aufenthaltes pflegebedürftig werden,
2. soweit Versicherte Entschädigungsleistungen wegen Pflegebedürftigkeit unmittelbar nach § 35 des Bundesversorgungsgesetzes oder nach den Gesetzen, die eine entsprechende Anwendung des Bundesversorgungsgesetzes vorsehen, aus der gesetzlichen Unfallversicherung oder aus öffentlichen Kassen auf Grund gesetzlich geregelter Unfallversorgung oder Unfallfürsorge erhalten. Dies gilt auch, wenn vergleichbare Leistungen aus dem Ausland oder von einer zwischenstaatlichen oder überstaatlichen Einrichtung bezogen werden.

(2) Der Anspruch auf Leistungen bei häuslicher Pflege ruht darüber hinaus, soweit im Rahmen des Anspruchs auf häusliche Krankenpflege (§ 37 des Fünften Buches) auch Anspruch auf Grundpflege und hauswirtschaftliche Versorgung besteht, sowie für die Dauer einer vollstationären Krankenhausbehandlung oder einer stationären medizinischen Rehabilitationsmaßnahme. Die Leistungen zur sozialen Sicherung nach § 44 ruhen nicht für die Dauer der häuslichen Krankenpflege.

§ 35 Erlöschen der Leistungsansprüche

Der Anspruch auf Leistungen erlischt mit dem Ende der Mitgliedschaft, soweit in diesem Buch nichts Abweichendes bestimmt ist.

Dritter Abschnitt
Leistungen

Erster Titel
Leistungen bei häuslicher Pflege

§ 36[1)] **Pflegesachleistung**

(1) Pflegebedürftige, die in ihrem Haushalt oder einem anderen Haushalt, in den sie aufgenommen sind, gepflegt werden, erhalten Grundpflege und hauswirtschaftliche Versorgung als Sachleistung (häusliche Pflegehilfe). Häusliche Pflegehilfe wird durch geeignete Pflegekräfte erbracht, die entweder von der Pflegekasse oder bei ambulanten Pflegeeinrichtungen, mit denen die Pflegekasse einen Versorgungsvertrag abgeschlossen hat, angestellt sind. Auch durch Einzelpersonen, mit denen die Pflegekasse einen Vertrag nach § 77 Abs. 1 abgeschlossen hat, kann häusliche Pflegehilfe als Sachleistung erbracht werden.

(2) Grundpflege und hauswirtschaftliche Versorgung umfassen Hilfeleistungen bei den in § 14 genannten Verrichtungen.

(3) Der Anspruch auf häusliche Pflegehilfe umfaßt je Kalendermonat:

1. für Pflegebedürftige der Pflegestufe I Pflegeeinsätze bis zu einem Gesamtwert von 750 Deutsche Mark,
2. für Pflegebedürftige der Pflegestufe II Pflegeeinsätze bis zu einem Gesamtwert von 1800 Deutsche Mark,
3. für Pflegebedürftige der Pflegestufe III Pflegeeinsätze bis zu einem Gesamtwert von 2800 Deutsche Mark.

(4) Die Pflegekassen können in besonders gelagerten Einzelfällen zur Vermeidung von Härten Pflegebedürftigen der Pflegestufe III weitere Pflegeeinsätze bis zu einem Gesamtwert von 3750 Deutsche Mark monatlich gewähren, wenn ein außergewöhnlich hoher Pflegeaufwand vorliegt, der das übliche Maß der Pflegestufe III weit übersteigt, beispiels-

---

1) § 36 tritt gem. Art. 68 Abs. 2 PflegeVG am 1.4.1995 in Kraft.

weise wenn im Endstadium von Krebserkrankungen regelmäßig mehrfach auch in der Nacht Hilfe geleistet werden muß. Die Pflegekassen haben sicherzustellen, daß die Ausnahmeregelung des Satzes 1 insgesamt für nicht mehr als drei vom Hundert der Pflegebedürftigen der Pflegestufe III Anwendung findet.

§ 37[1] Pflegegeld für selbst beschaffte Pflegehilfen

(1) Pflegebedürftige können anstelle der häuslichen Pflegehilfe ein Pflegegeld beantragen. Der Anspruch setzt voraus, daß der Pflegebedürftige mit dem Pflegegeld dessen Umfang entsprechend die erforderliche Grundpflege und hauswirtschaftliche Versorgung durch eine Pflegeperson in geeigneter Weise selbst sicherstellt. Das Pflegegeld beträgt je Kalendermonat:
1. für Pflegebedürftige der Pflegestufe I 400 Deutsche Mark,
2. für Pflegebedürftige der Pflegestufe II 800 Deutsche Mark,
3. für Pflegebedürftige der Pflegestufe III 1300 Deutsche Mark.

(2) Besteht der Anspruch nach Absatz 1 nicht für den vollen Kalendermonat, ist der Geldbetrag entsprechend zu kürzen; dabei ist der Kalendermonat mit 30 Tagen anzusetzen.

(3) Pflegebedürftige, die Pflegegeld nach Absatz 1 beziehen, sind verpflichtet,
1. bei Pflegestufe I und II
   mindestens einmal halbjährlich,
2. bei Pflegestufe III
   mindestens einmal vierteljährlich

einen Pflegeeinsatz durch eine Pflegeeinrichtung, mit der die Pflegekasse einen Versorgungsvertrag abgeschlossen hat, abzurufen. Die Kosten des Pflegeeinsatzes werden den Pflegebedürftigen von der Pflegekasse auf Nachweis unter Anrechnung auf das Pflegegeld erstattet.

---

1) § 37 tritt gem. Art. 68 Abs. 2 PflegeVG am 1.4.1995 in Kraft.

§ 38[1] Kombination von Geldleistung und Sachleistung (Kombinationsleistung)

Nimmt der Pflegebedürftige die ihm nach § 36 Abs. 3 zustehende Sachleistung nur teilweise in Anspruch, erhält er daneben ein anteiliges Pflegegeld im Sinne des § 37. Das Pflegegeld wird um den Vomhundertsatz vermindert, in dem der Pflegebedürftige Sachleistungen in Anspruch genommen hat. An die Entscheidung, in welchem Verhältnis er Geld- und Sachleistung in Anspruch nehmen will, ist der Pflegebedürftige für die Dauer von sechs Monaten gebunden.

§ 39[2] Häusliche Pflege bei Verhinderung der Pflegeperson

Ist eine Pflegeperson wegen Erholungsurlaubs, Krankheit oder aus anderen Gründen an der Pflege gehindert, übernimmt die Pflegekasse die Kosten für eine Ersatzpflegekraft für längstens vier Wochen je Kalenderjahr. Voraussetzung ist, daß die Pflegeperson den Pflegebedürftigen vor der erstmaligen Verhinderung mindestens zwölf Monate in seiner häuslichen Umgebung gepflegt hat. Die Aufwendungen der Pflegekasse dürfen im Einzelfall 2800 Deutsche Mark im Kalenderjahr nicht überschreiten.

§ 40[3] Pflegehilfsmittel und technische Hilfen

(1) Pflegebedürftige haben Anspruch auf Versorgung mit Pflegehilfsmitteln, die zur Erleichterung der Pflege oder zur Linderung der Beschwerden des Pflegebedürftigen beitragen oder ihm eine selbständigere Lebensführung ermöglichen,

---

1) § 38 tritt gem. Art. 68 Abs. 2 PflegeVG am 1.4.1995 in Kraft.
2) § 39 tritt gem. Art. 68 Abs. 2 PflegeVG am 1.4.1995 in Kraft.
3) § 40 tritt gem. Art. 68 Abs. 2 PflegeVG am 1.4.1995 in Kraft.

soweit die Hilfsmittel nicht wegen Krankheit oder Behinderung von der Krankenversicherung oder anderen zuständigen Leistungsträgern zu leisten sind. Die Pflegekasse überprüft die Notwendigkeit der Versorgung mit den beantragten Pflegehilfsmitteln unter Beteiligung einer Pflegefachkraft oder des Medizinischen Dienstes.
(2) Die Aufwendungen der Pflegekassen für zum Verbrauch bestimmte Hilfsmittel dürfen monatlich den Betrag von 60 Deutsche Mark nicht übersteigen.
(3) Die Pflegekassen sollen technische Hilfsmittel in allen geeigneten Fällen vorrangig leihweise überlassen. Sie können die Bewilligung davon abhängig machen, daß die Pflegebedürftigen sich das Pflegehilfsmittel anpassen oder sich selbst oder die Pflegeperson in seinem Gebrauch ausbilden lassen. Der Anspruch umfaßt auch die notwendige Änderung, Instandsetzung und Ersatzbeschaffung von Hilfsmitteln sowie die Ausbildung in ihrem Gebrauch. Versicherte, die das 18. Lebensjahr vollendet haben, haben zu den Kosten der Hilfsmittel mit Ausnahme der Hilfsmittel nach Absatz 2 eine Zuzahlung von zehn vom Hundert, höchstens jedoch 50 Deutsche Mark je Hilfsmittel an die abgebende Stelle zu leisten. Zur Vermeidung von Härten kann die Pflegekasse den Versicherten in entsprechender Anwendung der §§ 61, 62 des Fünften Buches ganz oder teilweise von der Zuzahlung befreien. Lehnen Versicherte die leihweise Überlassung eines Hilfsmittels ohne zwingenden Grund ab, haben sie die Kosten des Hilfsmittels in vollem Umfang selbst zu tragen.
(4) Die Pflegekassen können subsidiär finanzielle Zuschüsse für Maßnahmen zur Verbesserung des individuellen Wohnumfeldes des Pflegebedürftigen gewähren, beispielsweise für technische Hilfen im Haushalt, wenn dadurch im Einzelfall die häusliche Pflege ermöglicht oder erheblich erleichtert oder eine möglichst selbständige Lebensführung des Pflege bedürftigen wiederhergestellt wird. Die Höhe der Zuschüsse ist unter Berücksichtigung der Kosten der Maßnahme sowie

eines angemessenen Eigenanteils in Abhängigkeit von dem Einkommen des Pflegebedürftigen zu bemessen. Die Zuschüsse dürfen einen Betrag in Höhe von 5000 Deutsche Mark je Maßnahme nicht übersteigen.
(5) Das Bundesministerium für Arbeit und Sozialordnung wird ermächtigt, durch Rechtsverordnung im Einvernehmen mit dem Bundesministerium für Familie und Senioren und dem Bundesministerium für Gesundheit und mit Zustimmung des Bundesrates die im Rahmen der Pflegeversicherung zu gewährenden Pflegehilfsmittel und technischen Hilfen zu bestimmen.

Zweiter Titel
Teilstationäre Pflege und Kurzzeitpflege

§ 41[1] Tagespflege und Nachtpflege

(1) Pflegebedürftige haben Anspruch auf teilstationäre Pflege in Einrichtungen der Tages- oder Nachtpflege, wenn häusliche Pflege nicht in ausreichendem Umfang sichergestellt werden kann. Die teilstationäre Pflege umfaßt auch die notwendige Beförderung des Pflegebedürftigen von der Wohnung zur Einrichtung der Tagespflege oder der Nachtpflege und zurück.
(2) Die Pflegekasse übernimmt die Aufwendungen der teilstationären Pflege:
1. für Pflegebedürftige der Pflegestufe I im Wert bis zu 750 Deutsche Mark,
2. für Pflegebedürftige der Pflegestufe II im Wert bis zu 1500 Deutsche Mark,
3. für Pflegebedürftige der Pflegestufe III im Wert bis zu 2100 Deutsche Mark

je Kalendermonat.

---
1) § 41 tritt gem. Art. 68 Abs. 2 PflegeVG am 1.4.1995 in Kraft.

(3) Pflegebedürftige erhalten zusätzlich zu den Leistungen nach Absatz 2 ein anteiliges Pflegegeld, wenn der für die jeweilige Pflegestufe vorgesehene Höchstwert der Sachleistung nicht voll ausgeschöpft wird. § 38 Satz 2 gilt entsprechend. Sachleistungen nach § 36 können neben den Leistungen nach Absatz 2 in Anspruch genommen werden, die Aufwendungen dürfen jedoch insgesamt je Kalendermonat den in § 36 Abs. 3 für die jeweilige Pflegestufe vorgesehenen Gesamtwert nicht übersteigen.

§ 42[1] Kurzzeitpflege

(1) Kann die häusliche Pflege zeitweise nicht, noch nicht oder nicht im erforderlichen Umfang erbracht werden und reicht auch teilstationäre Pflege nicht aus, besteht Anspruch auf Pflege in einer vollstationären Einrichtung. Dies gilt:

1. für eine Übergangszeit im Anschluß an eine stationäre Behandlung des Pflegebedürftigen oder
2. in sonstigen Krisensituationen, in denen vorübergehend häusliche oder teilstationäre Pflege nicht möglich oder nicht ausreichend ist.

(2) Der Anspruch auf Kurzzeitpflege ist auf vier Wochen pro Kalenderjahr beschränkt. Voraussetzung ist in den Fällen des Absatzes 1 Nr. 2, daß die Pflegeperson den Pflegebedürftigen vorher mindestens zwölf Monate in seiner häuslichen Umgebung gepflegt hat. Die Aufwendungen der Pflegekasse für die Kurzzeitpflege dürfen 2800 Deutsche Mark im Kalenderjahr nicht übersteigen.

---

1) § 42 tritt gem. Art. 68 Abs. 2 PflegeVG am 1.4.1995 in Kraft.

Dritter Titel
Vollstationäre Pflege

§ 43[1] Inhalt der Leistung

(1) Pflegebedürftige haben Anspruch auf Pflege in vollstationären Einrichtungen, wenn häusliche oder teilstationäre Pflege nicht möglich ist oder wegen der Besonderheit des einzelnen Falles nicht in Betracht kommt.

(2) Die Pflegekasse übernimmt die pflegebedingten Aufwendungen bis zu 2800 Deutsche Mark monatlich; dabei dürfen die jährlichen Ausgaben der Pflegekassen im Durchschnitt 30 000 Deutsche Mark je Pflegebedürftigen nicht übersteigen. Pflegebedingt sind die Aufwendungen für alle für die Versorgung der Pflegebedürftigen nach Art und Schwere ihrer Pflegebedürftigkeit erforderlichen Pflegeleistungen der Pflegeeinrichtung (allgemeine Pflegeleistungen). Die Aufwendungen für Unterkunft und Verpflegung und für Zusatzleistungen nach § 88 haben die Pflegebedürftigen zu tragen. Die Pflegekassen können bei Pflegebedürftigen der Pflegestufe III über die Beträge nach Satz 1 hinaus in besonderen Ausnahmefällen zur Vermeidung von Härten die pflegebedingten Aufwendungen bis zu 3300 Deutsche Mark monatlich übernehmen, wenn ein außergewöhnlich hoher und intensiver Pflegeaufwand erforderlich ist, der das übliche Maß der Pflegestufe III weit übersteigt, beispielsweise bei Apallikern oder im Endstadium von Krebserkrankungen. Die Pflegekassen haben sicherzustellen, daß die Ausnahmeregelung des Satzes 4 insgesamt für nicht mehr als fünf vom Hundert der Pflegebedürftigen der Pflegestufe III Anwendung findet.

(3) Wählen Pflegebedürftige vollstationäre Pflege, obwohl diese nach Feststellung der Pflegekasse nicht erforderlich ist, erhalten sie zu den pflegebedingten Aufwendungen einen

---

1) § 43 betr. die vollstationäre Pflege tritt gem. Art. 68 Abs. 3 am 1. 7. 1996 in Kraft; vgl. ergänzend Art. 69 betr. das Inkrafttreten der stationären Pflege.

Zuschuß in Höhe des in § 36 Abs. 3 für die jeweilige Pflegestufe vorgesehenen Gesamtwertes.

Vierter Abschnitt
Leistungen für Pflegepersonen

§ 44[1)] Leistungen zur sozialen Sicherung der Pflegepersonen

(1) Zur Verbesserung der sozialen Sicherung der Pflegepersonen im Sinne des § 19 entrichtet die soziale Pflegeversicherung oder das private Versicherungsunternehmen, bei dem eine private Pflege-Pflichtversicherung abgeschlossen worden ist, Beiträge an den zuständigen Träger der gesetzlichen Rentenversicherung, wenn die Pflegeperson regelmäßig nicht mehr als dreißig Stunden wöchentlich erwerbstätig ist. Näheres regeln die §§ 3, 141, 166 und 170 des Sechsten Buches. Während der pflegerischen Tätigkeit sind die Pflegepersonen nach Maßgabe der §§ 539, 541, 637, 657 und 770 der Reichsversicherungsordnung in den Versicherungsschutz der gesetzlichen Unfallversicherung einbezogen. Pflegepersonen, die nach der Pflegetätigkeit ins Erwerbsleben zurückkehren wollen, haben einen Anspruch auf Unterhaltsgeld nach Maßgabe des § 46 des Arbeitsförderungsgesetzes.

(2) Die Pflegekasse und das private Versicherungsunternehmen haben die in der Renten- und Unfallversicherung zu versichernde Pflegeperson den zuständigen Renten- und Unfallversicherungsträgern zu melden. Die Meldung für die Pflegeperson enthält:

1. ihre Versicherungsnummer, soweit bekannt,
2. ihren Familien- und Vornamen,
3. ihr Geburtsdatum,
4. ihre Staatsangehörigkeit,
5. ihre Anschrift,

---

1) § 44 tritt gem. Art. 68 Abs. 2 PflegeVG am 1.4.1995 in Kraft.

6. Beginn und Ende der Pflegetätigkeit,
7. die Pflegestufe des Pflegebedürftigen und
8. die unter Berücksichtigung des Umfangs der Pflegetätigkeit nach § 166 des Sechsten Buches maßgeblichen beitragspflichtigen Einnahmen.

Die Spitzenverbände der Pflegekassen sowie der Verband der privaten Krankenversicherung e. V. können mit dem Verband Deutscher Rentenversicherungsträger und mit den Trägern der Unfallversicherung Näheres über das Meldeverfahren vereinbaren.

(3) Der Inhalt der Meldung nach Absatz 2 Satz 2 Nr. 1 bis 6 und 8 ist der Pflegeperson, der Inhalt der Meldung nach Absatz 2 Satz 2 Nr. 7 dem Pflegebedürftigen schriftlich mitzuteilen.

§ 45[1) Pflegekurse für Angehörige und ehrenamtliche Pflegepersonen

(1) Die Pflegekassen sollen für Angehörige und sonstige an einer ehrenamtlichen Pflegetätigkeit interessierte Personen Schulungskurse unentgeltlich anbieten, um soziales Engagement im Bereich der Pflege zu fördern und zu stärken, Pflege und Betreuung zu erleichtern und zu verbessern sowie pflegebedingte körperliche und seelische Belastungen zu mindern. Die Kurse sollen Fertigkeiten für eine eigenständige Durchführung der Pflege vermitteln. Die Schulung kann auch in der häuslichen Umgebung des Pflegebedürftigen stattfinden.

(2) Die Pflegekasse kann die Kurse entweder selbst oder gemeinsam mit anderen Pflegekassen durchführen oder geeignete andere Einrichtungen mit der Durchführung beauftragen.

(3) Über die einheitliche Durchführung sowie über die inhaltliche Ausgestaltung der Kurse können die Landesverbände der Pflegekassen und die Verbände der Ersatzkassen,

---

1) § 45 tritt gem. Art. 68 Abs. 2 PflegeVG am 1.4.1995 in Kraft.

soweit sie Aufgaben der Pflegeversicherung auf Landesebene wahrnehmen, Rahmenvereinbarungen mit den Trägern der Einrichtungen schließen, die die Pflegekurse durchführen.

...

Sechstes Kapitel
Finanzierung
Erster Abschnitt
Beiträge

§ 54 Grundsatz

(1) Die Mittel für die Pflegeversicherung werden durch Beiträge sowie sonstige Einnahmen gedeckt.
(2) Die Beiträge werden nach einem Vomhundertsatz (Beitragssatz) von den beitragspflichtigen Einnahmen der Mitglieder bis zur Beitragsbemessungsgrenze (§ 55) erhoben. Die Beiträge sind für jeden Kalendertag der Mitgliedschaft zu zahlen, soweit dieses Buch nichts Abweichendes bestimmt. Für die Berechnung der Beiträge ist die Woche zu sieben, der Monat zu 30 und das Jahr zu 360 Tagen anzusetzen.
(3) Die Vorschriften des Zwölften Kapitels des Fünften Buches gelten entsprechend.

§ 55 Beitragssatz, Beitragsbemessungsgrenze

(1) Der Beitragssatz beträgt in der Zeit vom 1. Januar 1995 bis zum 30. Juni 1996 bundeseinheitlich 1 vom Hundert, in der Zeit ab 1. Juli 1996 bundeseinheitlich 1,7 vom Hundert der beitragspflichtigen Einnahmen der Mitglieder; er wird durch Gesetz festgesetzt. Für Personen, bei denen § 28 Abs. 2 Anwendung findet, beträgt der Beitragssatz die Hälfte des Beitragssatzes nach Satz 1.
(2) Die Beitragsbemessungsgrenze beträgt 75 vom Hundert der Beitragsbemessungsgrenze der Rentenversicherung der Arbeiter und Angestellten.

§ 56 Beitragsfreiheit

(1) Familienangehörige sind für die Dauer der Familienversicherung nach § 25 beitragsfrei.

(2) Beitragsfreiheit besteht vom Zeitpunkt der Rentenantragstellung bis zum Beginn der Rente oder einer Geldleistung aus der Altershilfe für Landwirte für:

1. den hinterbliebenen Ehegatten eines Rentners, der bereits Rente bezogen hat, wenn Hinterbliebenenrente beantragt wird,
2. die Waise eines Rentners, der bereits Rente bezogen hat, vor Vollendung des 18. Lebensjahres; dies gilt auch für Waisen, deren verstorbener Elternteil Altersgeld, vorzeitiges Altersgeld oder Hinterbliebenengeld bezogen hat,
3. den hinterbliebenen Ehegatten eines Beziehers von Altersgeld oder vorzeitigem Altersgeld, wenn die Ehe vor Vollendung des 65. Lebensjahres des Verstorbenen geschlossen wurde,
4. den hinterbliebenen Ehegatten eines Beziehers von Landabgaberente.

Satz 1 gilt nicht, wenn der Rentenantragsteller eine eigene Rente, Arbeitsentgelt, Arbeitseinkommen oder Versorgungsbezüge erhält.

(3) Beitragsfrei sind Mitglieder für die Dauer des Bezuges von Mutterschafts- oder Erziehungsgeld. Die Beitragsfreiheit erstreckt sich nur auf die in Satz 1 genannten Leistungen.

(4) Beitragsfrei sind auf Antrag Mitglieder, die sich auf nicht absehbare Dauer in stationärer Pflege befinden und bereits Leistungen nach § 35 Abs. 6 des Bundesversorgungsgesetzes, nach § 558 Abs. 2 Nr. 2 der Reichsversicherungsordnung, nach § 34 des Beamtenversorgungsgesetzes oder nach den Gesetzen erhalten, die eine entsprechende Anwendung des Bundesversorgungsgesetzes vorsehen, wenn sie keine Familienangehörigen haben, für die eine Versicherung nach § 25 besteht.

§ 57 Beitragspflichtige Einnahmen

(1) Bei Mitgliedern der Pflegekasse, die in der gesetzlichen Krankenversicherung pflichtversichert sind, gelten für die Beitragsbemessung die §§ 226 bis 238 und § 244 des Fünften Buches sowie § 157 Abs. 3 und § 163 Abs. 1 und 3 des Arbeitsförderungsgesetzes.

(2) Bei Beziehern von Krankengeld gilt als beitragspflichtige Einnahmen 80 vom Hundert des Arbeitsentgelts, das der Bemessung des Krankengeldes zugrundeliegt. Dies gilt auch für den Krankengeldbezug eines rentenversicherungspflichtigen mitarbeitenden Familienangehörigen eines landwirtschaftlichen Unternehmers. Beim Krankengeldbezug eines nicht rentenversicherungspflichtigen mitarbeitenden Familienangehörigen ist der Zahlbetrag der Leistung der Beitragsbemessung zugrunde zu legen.

(3) Bei landwirtschaftlichen Unternehmern sowie bei mitarbeitenden Familienangehörigen wird auf den Krankenversicherungsbeitrag, der nach den Vorschriften des Zweiten Gesetzes über die Krankenversicherung der Landwirte aus dem Arbeitseinkommen aus Land- und Forstwirtschaft zu zahlen ist, ein Zuschlag erhoben. Die Höhe des Zuschlages ergibt sich aus dem Verhältnis des Beitragssatzes nach § 55 Abs. 1 zu dem nach § 247 des Fünften Buches festgestellten durchschnittlichen allgemeinen Beitragssatz der Krankenkassen. Das Bundesministerium für Arbeit und Sozialordnung stellt die Höhe des Zuschlages zum 1. Januar jeden Jahres fest. Er gilt vom 1. Juli des laufenden Jahres bis zum 30. Juni des folgenden Kalenderjahres. Für die Beitragsbemessung der Altenteiler gilt § 45 des Zweiten Gesetzes über die Krankenversicherung der Landwirte.

(4) Bei freiwilligen Mitgliedern der gesetzlichen Krankenversicherung und bei Mitgliedern der sozialen Pflegeversicherung, die nicht in der gesetzlichen Krankenversicherung versichert sind, ist für die Beitragsbemessung § 240 des Fünften Buches entsprechend anzuwenden. Für die Beitragsbemes-

sung der in der gesetzlichen Krankenversicherung versicherten Rentenantragsteller und freiwillig versicherten Rentner finden darüber hinaus die §§ 238a und 239 des Fünften Buches entsprechende Anwendung. Abweichend von Satz 1 ist bei Mitgliedern nach § 20 Abs. 1 Nr. 10, die in der gesetzlichen Krankenversicherung freiwillig versichert sind, § 236 des Fünften Buches entsprechend anzuwenden; als beitragspflichtige Einnahmen der satzungsmäßigen Mitglieder geistlicher Genossenschaften, Diakonissen und ähnlicher Personen, die freiwillig in der gesetzlichen Krankenversicherung versichert sind, sind der Wert für gewährte Sachbezüge oder das ihnen zur Beschaffung der unmittelbaren Lebensbedürfnisse an Wohnung, Verpflegung, Kleidung und dergleichen gezahlte Entgelt zugrunde zu legen. Bei freiwilligen Mitgliedern der gesetzlichen Krankenversicherung, die von einem Rehabilitationsträger Verletztengeld, Versorgungskrankengeld oder Übergangsgeld erhalten, gilt für die Beitragsbemessung § 235 Abs. 2 des Fünften Buches entsprechend; für die in der landwirtschaftlichen Krankenversicherung freiwillig Versicherten gilt § 46 des Zweiten Gesetzes über die Krankenversicherung der Landwirte.
(5) Der Beitragsberechnung von Personen, die nach § 26 Abs. 2 weiterversichert sind, werden für den Kalendertag der 180. Teil der monatlichen Bezugsgröße nach § 18 des Vierten Buches zugrunde gelegt.

§ 58 Tragung der Beiträge bei versicherungspflichtig Beschäftigten

(1) Die nach § 20 Abs. 1 Nr. 1 versicherungspflichtig Beschäftigten, die in der gesetzlichen Krankenversicherung pflichtversichert sind, und ihre Arbeitgeber tragen die nach dem Arbeitsentgelt zu bemessenden Beiträge jeweils zur Hälfte.
(2) Zum Ausgleich der mit den Arbeitgeberbeiträgen verbundenen Belastungen der Wirtschaft werden die Länder

einen gesetzlichen landesweiten Feiertag, der stets auf einen Werktag fällt, aufheben.
(3) Die in Absatz 1 genannten Beschäftigten tragen die Beiträge in voller Höhe, wenn der Beschäftigungsort in einem Land liegt, in dem die am 31. Dezember 1993 bestehende Anzahl der gesetzlichen landesweiten Feiertage nicht um einen Feiertag, der stets auf einen Werktag fiel, vermindert worden ist.
(4) Wird in der Rechtsverordnung nach Artikel 69 des Pflege-Versicherungsgesetzes festgestellt, daß für die Zeit nach Inkrafttreten der stationären Pflegeleistungen die Aufhebung eines zweiten Feiertages erforderlich ist, trägt der Beschäftigte den zusätzlichen Beitrag von 0,7 vom Hundert allein, wenn der Beschäftigungsort in einem Land liegt, in dem nur ein Feiertag entsprechend Absatz 2 aufgehoben wurde; der Arbeitgeberanteil beschränkt sich in diesem Fall auf 0,5 vom Hundert des der Beitragsbemessung zugrundeliegenden Arbeitsentgelts.
(5) Die Aufhebung eines Feiertages wirkt für das gesamte Kalenderjahr. Handelt es sich um einen Feiertag, der im laufenden Kalenderjahr vor dem Zeitpunkt des Inkrafttretens der Regelung über die Streichung liegt, wirkt die Aufhebung erst im folgenden Kalenderjahr.
(6) § 249 Abs. 2 und 3 des Fünften Buches gilt entsprechend.

§ 59 **Beitragstragung bei anderen Mitgliedern**

(1) Für die nach § 20 Abs. 1 Nr. 2 bis 11 versicherten Mitglieder der sozialen Pflegeversicherung, die in der gesetzlichen Krankenversicherung pflichtversichert sind, gelten für die Tragung der Beiträge die §§ 249a, 250 Abs. 1 und § 251 des Fünften Buches, § 48 des Zweiten Gesetzes über die Krankenversicherung der Landwirte sowie § 157 Abs. 1 und § 163 Abs. 2 des Arbeitsförderungsgesetzes entsprechend. Bei Beziehern einer laufenden Geldleistung nach dem Gesetz über eine Altershilfe für Landwirte und dem Gesetz zur

Förderung der Einstellung der landwirtschaftlichen Erwerbstätigkeit werden die Beiträge von den Beziehern der Leistung und der Alterskasse je zur Hälfte getragen.
(2) Die Beiträge für Bezieher von Krankengeld werden von den Leistungsbeziehern und den Krankenkassen je zur Hälfte getragen, soweit sie auf das Krankengeld entfallen und dieses nicht in Höhe der Leistungen der Bundesanstalt für Arbeit zu zahlen ist, im übrigen von den Krankenkassen; die Beiträge werden auch dann von den Krankenkassen getragen, wenn das dem Krankengeld zugrunde liegende monatliche Arbeitsentgelt ein Siebtel der monatlichen Bezugsgröße nicht übersteigt; solange ein Siebtel der monatlichen Bezugsgröße den Betrag von 610 Deutsche Mark unterschreitet, ist dieser Betrag maßgebend.
(3) Die Beiträge für die nach § 21 Nr. 1 bis 5 versicherten Leistungsempfänger werden vom jeweiligen Leistungsträger getragen. Beiträge auf Grund des Leistungsbezugs im Rahmen der Kriegsopferfürsorge gelten als Aufwendungen für die Kriegsopferfürsorge.
(4) Mitglieder der sozialen Pflegeversicherung, die in der gesetzlichen Krankenversicherung freiwillig versichert sind, sowie Mitglieder, deren Mitgliedschaft nach § 49 Abs. 2 Satz 1 erhalten bleibt oder die nach § 26 weiterversichert sind, und die nach § 21 Nr. 6 versicherten Soldaten auf Zeit tragen den Beitrag allein. Abweichend von Satz 1 werden für satzungsmäßige Mitglieder geistlicher Genossenschaften, Diakonissen und ähnliche Personen die Beiträge auch bei einer Weiterversicherung nach § 26 von der Gemeinschaft allein getragen.

§ 60 Beitragszahlung

(1) Soweit gesetzlich nichts Abweichendes bestimmt ist, sind die Beiträge von demjenigen zu zahlen, der sie zu tragen hat. Die §§ 253 bis 256 des Fünften Buches und § 50 des Zweiten Gesetzes über die Krankenversicherung der Landwirte gelten

entsprechend. Die aus einer laufenden Geldleistung nach dem Gesetz über eine Altershilfe für Landwirte und dem Gesetz zur Förderung der Einstellung der landwirtschaftlichen Erwerbstätigkeit zu entrichtenden Beiträge werden von der Alterskasse gezahlt; § 28g Satz 1 des Vierten Buches gilt entsprechend.

(2) Für Bezieher von Krankengeld zahlen die Krankenkassen die Beiträge; für den Beitragsabzug gilt § 28g Satz 1 des Vierten Buches entsprechend. Die zur Tragung der Beiträge für die in § 21 Nr. 1 bis 5 genannten Mitglieder Verpflichteten können einen Dritten mit der Zahlung der Beiträge beauftragen und mit den Pflegekassen Näheres über die Zahlung und Abrechnung der Beiträge vereinbaren.

(3) Die Beiträge sind an die Krankenkasse, bei der die zuständige Pflegekasse errichtet ist, zugunsten der Pflegeversicherung zu zahlen. Die nach Satz 1 eingegangenen Beiträge zur Pflegeversicherung sind von der Krankenkasse unverzüglich an die Pflegekasse weiterzuleiten. Die Pflegekassen sind zur Prüfung der ordnungsgemäßen Beitragszahlung berechtigt. § 24 Abs. 1 des Vierten Buches gilt.

Zweiter Abschnitt
Beitragszuschüsse

§ 61 Beitragszuschüsse für freiwillige Mitglieder der gesetzlichen Krankenversicherung und Privatversicherte

(1) Beschäftigte, die in der gesetzlichen Krankenversicherung freiwillig versichert sind, erhalten unter den Voraussetzungen des § 58 von ihrem Arbeitgeber einen Beitragszuschuß, der in der Höhe begrenzt ist, auf den Betrag, der als Arbeitgeberanteil nach § 58 zu zahlen wäre. Bestehen innerhalb desselben Zeitraums mehrere Beschäftigungsverhältnisse, sind die beteiligten Arbeitgeber anteilmäßig nach dem Verhältnis der Höhe der jeweiligen Arbeitsentgelte zur Zahlung des Beitragszuschusses verpflichtet.

(2) Beschäftigte, die in Erfüllung ihrer Versicherungspflicht nach den §§ 22 und 23 bei einem privaten Krankenversicherungsunternehmen versichert sind und für sich und ihre Angehörigen, die bei Versicherungspflicht des Beschäftigten in der sozialen Pflegeversicherung nach § 25 versichert wären, Vertragsleistungen beanspruchen können, die nach Art und Umfang den Leistungen dieses Buches gleichwertig sind, erhalten unter den Voraussetzungen des § 58 von ihrem Arbeitgeber einen Beitragszuschuß. Der Zuschuß ist in der Höhe begrenzt auf den Betrag, der als Arbeitgeberanteil bei Versicherungspflicht in der sozialen Pflegeversicherung als Beitragsanteil zu zahlen wäre, höchstens jedoch auf die Hälfte des Betrages, den der Beschäftigte für seine private Pflegeversicherung zu zahlen hat. Bestehen innerhalb desselben Zeitraumes mehrere Beschäftigungsverhältnisse, sind die beteiligten Arbeitgeber anteilig nach dem Verhältnis der Höhe der jeweiligen Arbeitsentgelte zur Zahlung des Beitragszuschusses verpflichtet.
(3) Beschäftigte, die nur wegen Überschreitens der Jahresarbeitsentgeltgrenze in der gesetzlichen Krankenversicherung versicherungsfrei und als landwirtschaftliche Unternehmer nach § 2 Abs. 1 Nr. 1 des Zweiten Gesetzes über die Krankenversicherung der Landwirte versichert sind, erhalten von ihrem Arbeitgeber unter den Voraussetzungen des § 58 einen Beitragszuschuß zu dem nach § 57 Abs. 3 zu zahlenden Zuschlag; der Zuschuß ist in der Höhe begrenzt auf den Betrag, der als Arbeitgeberanteil nach § 58 zu zahlen wäre.
(4) Für Bezieher von Vorruhestandsgeld, die als Beschäftigte bis unmittelbar vor Beginn der Vorruhestandsleistungen Anspruch auf den vollen oder anteiligen Beitragszuschuß nach Absatz 1 oder 2 hatten, sowie für Bezieher von Leistungen nach § 9 Abs. 1 Nr. 1 und 2 des Anspruchs- und Anwartschaftsüberführungsgesetzes und Bezieher einer Übergangsversorgung nach § 7 des Tarifvertrages über einen sozialverträglichen Personalabbau im Bereich des Bundesministers der Verteidigung vom 30. November 1991 bleibt der An-

spruch für die Dauer der Vorruhestandsleistungen gegen den zur Zahlung des Vorruhestandsgeldes Verpflichteten erhalten. Der Zuschuß beträgt die Hälfte des Beitrags, den der Bezieher von Vorruhestandsgeld als versicherungspflichtig Beschäftigter zu zahlen hätte, höchstens jedoch die Hälfte des Betrages, den er zu zahlen hat. Absatz 1 Satz 2 gilt entsprechend.

(5) Teilnehmer an berufsfördernden Maßnahmen zur Rehabilitation sowie an Berufsfindung oder Arbeitserprobung, für die nach § 23 Versicherungspflicht in der privaten Pflegeversicherung besteht, erhalten vom zuständigen Leistungsträger einen Zuschuß zu ihrem privaten Pflegeversicherungsbeitrag. Als Zuschuß ist der Betrag zu zahlen, der von dem Leistungsträger als Beitrag bei Versicherungspflicht in der sozialen Pflegeversicherung zu zahlen wäre, höchstens jedoch der Betrag, der an das private Versicherungsunternehmen zu zahlen ist.

(6) Der Zuschuß nach den Absätzen 2, 4 und 5 wird für eine private Pflegeversicherung nur gezahlt, wenn das Versicherungsunternehmen:

1. die Pflegeversicherung nach Art der Lebensversicherung betreibt,
2. sich verpflichtet, den überwiegenden Teil der Überschüsse, die sich aus dem selbst abgeschlossenen Versicherungsgeschäft ergeben, zugunsten der Versicherten zu verwenden,
3. die Pflegeversicherung nur zusammen mit der Krankenversicherung, nicht zusammen mit anderen Versicherungssparten betreibt.

(7) Das Krankenversicherungsunternehmen hat dem Versicherungsnehmer eine Bescheinigung darüber auszuhändigen, daß ihm die Aufsichtsbehörde bestätigt hat, daß es die Versicherung, die Grundlage des Versicherungsvertrages ist, nach den in Absatz 6 genannten Voraussetzungen betreibt. Der Versicherungsnehmer hat diese Bescheinigung dem zur Zahlung des Beitragszuschusses Verpflichteten vorzulegen.

(8) Bei Personen, die nach beamtenrechtlichen Vorschriften oder Grundsätzen bei Krankheit und Pflege Anspruch auf

Beihilfe oder Heilfürsorge haben und bei einem privaten Versicherungsunternehmen pflegeversichert sind, tritt an die Stelle des Zuschusses nach Absatz 2 die Beihilfe oder Heilfürsorge des Dienstherrn zu Aufwendungen aus Anlaß der Pflege. Hinsichtlich der Beitragszuschüsse für Abgeordnete, ehemalige Abgeordnete und deren Hinterbliebene wird auf die Bestimmungen in den jeweiligen Abgeordnetengesetzen verwiesen.

Dritter Abschnitt
Verwendung und Verwaltung der Mittel

§ 62 Mittel der Pflegekasse

Die Mittel der Pflegekasse umfassen die Betriebsmittel und die Rücklage.

...

§ 70 Beitragssatzstabilität

(1) Die Pflegekassen stellen in den Verträgen mit den Leistungserbringern über Art, Umfang und Vergütung der Leistungen sicher, daß ihre Leistungsausgaben die Beitragseinnahmen nicht überschreiten (Grundsatz der Beitragssatzstabilität).

(2) Vereinbarungen über die Höhe der Vergütungen, die dem Grundsatz der Beitragssatzstabilität widersprechen, sind unwirksam.

Zweiter Abschnitt
Beziehungen zu den Pflegeeinrichtungen

§ 71 Pflegeeinrichtungen

(1) Ambulante Pflegeeinrichtungen (Pflegedienste) im Sinne dieses Buches sind selbständig wirtschaftende Einrichtungen, die unter ständiger Verantwortung einer ausgebildeten Pfle-

gefachkraft Pflegebedürftige in ihrer Wohnung pflegen und hauswirtschaftlich versorgen.

(2) Stationäre Pflegeeinrichtungen (Pflegeheime) im Sinne dieses Buches sind selbständig wirtschaftende Einrichtungen, in denen Pflegebedürftige:

1. unter ständiger Verantwortung einer ausgebildeten Pflegefachkraft gepflegt werden,
2. ganztägig (vollstationär) oder nur tagsüber oder nur nachts (teilstationär) untergebracht und verpflegt werden können.

§ 72 Zulassung zur Pflege durch Versorgungsvertrag

(1) Die Pflegekassen dürfen ambulante und stationäre Pflege nur durch Pflegeeinrichtungen gewähren, mit denen ein Versorgungsvertrag besteht (zugelassene Pflegeeinrichtungen). In dem Versorgungsvertrag sind Art, Inhalt und Umfang der allgemeinen Pflegeleistungen (§ 43 Abs. 2) festzulegen, die von der Pflegeeinrichtung während der Dauer des Vertrages für die Versicherten zu erbringen sind (Versorgungsauftrag).

(2) Der Versorgungsvertrag wird zwischen dem Träger der Pflegeeinrichtung oder einer vertretungsberechtigten Vereinigung gleicher Träger und den Landesverbänden der Pflegekassen im Einvernehmen mit den überörtlichen Trägern der Sozialhilfe im Land abgeschlossen, soweit nicht nach Landesrecht der örtliche Träger für die Pflegeeinrichtung zuständig ist. Er ist für die Pflegeeinrichtung und für alle Pflegekassen im Inland unmittelbar verbindlich.

(3) Versorgungsverträge dürfen nur mit Pflegeeinrichtungen abgeschlossen werden, die den Anforderungen des § 71 genügen und die Gewähr für eine leistungsfähige und wirtschaftliche pflegerische Versorgung bieten; ein Anspruch auf Abschluß eines Versorgungsvertrages besteht, soweit und solange die Pflegeeinrichtung diese Voraussetzungen erfüllt. Bei notwendiger Auswahl zwischen mehreren geeigneten

Pflegeeinrichtungen sollen die Versorgungsverträge vorrangig mit freigemeinnützigen und privaten Trägern abgeschlossen werden. Bei ambulanten Pflegediensten ist der örtliche Einzugsbereich in den Versorgungsverträgen so festzulegen, daß lange Wege möglichst vermieden werden.
(4) Mit Abschluß des Versorgungsvertrages wird die Pflegeeinrichtung für die Dauer des Vertrages zur pflegerischen Versorgung der Versicherten zugelassen. Die zugelassene Pflegeeinrichtung ist im Rahmen ihres Versorgungsauftrages zur pflegerischen Versorgung der Versicherten verpflichtet. Die Pflegekassen sind verpflichtet, die Leistungen der Pflegeeinrichtung nach Maßgabe des Achten Kapitels zu vergüten.

§ 73 Abschluß von Versorgungsverträgen

(1) Der Versorgungsvertrag ist schriftlich abzuschließen.
(2) Gegen die Ablehnung eines Versorgungsvertrages durch die Landesverbände der Pflegekassen ist der Rechtsweg zu den Sozialgerichten gegeben. Ein Vorverfahren findet nicht statt; die Klage hat keine aufschiebende Wirkung.
(3) Mit Pflegeeinrichtungen, die vor dem 1. Januar 1995 ambulante Pflege, teilstationäre Pflege oder Kurzzeitpflege auf Grund von Vereinbarungen mit Sozialleistungsträgern erbracht haben, gilt ein Versorgungsvertrag als abgeschlossen. Satz 1 gilt nicht, wenn die Pflegeeinrichtung die Anforderungen nach § 72 Abs. 3 Satz 1 nicht erfüllt und die zuständigen Landesverbände der Pflegekassen dies im Einvernehmen mit dem zuständigen Träger der Sozialhilfe (§ 72 Abs. 2 Satz 1) bis zum 30. Juni 1995 gegenüber dem Träger der Einrichtung schriftlich geltend machen. Die Pflegeeinrichtung hat bis spätestens zum 31. März 1995 die Voraussetzungen für den Bestandschutz nach den Sätzen 1 und 2 durch Vorlage von Vereinbarungen mit Sozialleistungsträgern sowie geeigneter Unterlagen zur Prüfung und Beurteilung

der Leistungsfähigkeit und Wirtschaftlichkeit gegenüber einem Landesverband der Pflegekassen nachzuweisen. Der Versorgungsvertrag bleibt wirksam, bis er durch einen neuen Versorgungsvertrag abgelöst oder gemäß § 74 gekündigt wird.
(4) Für vollstationäre Pflegeeinrichtungen gilt Absatz 3 entsprechend mit der Maßgabe, daß der für die Vorlage der Unterlagen nach Satz 3 maßgebliche Zeitpunkt der 30. September 1995 und der Stichtag nach Satz 2 der 30. Juni 1996 ist.

§ 74 Kündigung von Versorgungsverträgen

(1) Der Versorgungsvertrag kann von jeder Vertragspartei mit einer Frist von einem Jahr ganz oder teilweise gekündigt werden, von den Landesverbänden der Pflegekassen jedoch nur, wenn die zugelassene Pflegeeinrichtung nicht nur vorübergehend eine der Voraussetzungen des § 72 Abs. 3 Satz 1 nicht oder nicht mehr erfüllt. Vor Kündigung durch die Landesverbände der Pflegekassen ist das Einvernehmen mit dem zuständigen Träger der Sozialhilfe (§ 72 Abs. 2 Satz 1) herzustellen.
(2) Der Versorgungsvertrag kann von den Landesverbänden der Pflegekassen auch ohne Einhaltung einer Kündigungsfrist gekündigt werden, wenn die Einrichtung ihre gesetzlichen oder vertraglichen Verpflichtungen gegenüber den Pflegebedürftigen oder deren Kostenträgern derart gröblich verletzt, daß ein Festhalten an dem Vertrag nicht zumutbar ist. Das gilt insbesondere dann, wenn Pflegebedürftige infolge der Pflichtverletzung zu Schaden kommen oder die Einrichtung nicht erbrachte Leistungen gegenüber den Kostenträgern abrechnet. Das gleiche gilt, wenn dem Träger eines Pflegeheimes nach dem Heimgesetz die Betriebserlaubnis entzogen oder der Betrieb des Heimes untersagt wird. Absatz 1 Satz 2 gilt entsprechend.

(3) Die Kündigung bedarf der Schriftform. Für Klagen gegen die Kündigung gilt § 73 Abs. 2 entsprechend.

§ 75 Rahmenverträge und Bundesempfehlungen über die pflegerische Versorgung

(1) Die Landesverbände der Pflegekassen schließen unter Beteiligung des Medizinischen Dienstes der Krankenversicherung mit den Vereinigungen der Träger der ambulanten oder stationären Pflegeeinrichtungen im Land gemeinsam und einheitlich Rahmenverträge mit dem Ziel, eine wirksame und wirtschaftliche pflegerische Versorgung der Versicherten sicherzustellen. Für Pflegeeinrichtungen, die einer Kirche oder Religionsgemeinschaft des öffentlichen Rechts oder einem sonstigen freigemeinnützigen Träger zuzuordnen sind, können die Rahmenverträge auch von der Kirche oder Religionsgemeinschaft oder von dem Wohlfahrtsverband abgeschlossen werden, dem die Pflegeeinrichtung angehört. Bei Rahmenverträgen über ambulante Pflege sind die Arbeitsgemeinschaften der örtlichen Sozialhilfeträger, bei Rahmenverträgen über stationäre Pflege die überörtlichen Sozialhilfeträger und die Arbeitsgemeinschaften der örtlichen Sozialhilfeträger als Vertragspartei am Vertragsschluß zu beteiligen. Die Rahmenverträge sind für die Pflegekassen und die zugelassenen Pflegeeinrichtungen im Inland unmittelbar verbindlich.

(2) Die Verträge regeln insbesondere:

1. den Inhalt der Pflegeleistungen sowie bei stationärer Pflege die Abgrenzung zwischen den allgemeinen Pflegeleistungen, den Leistungen bei Unterkunft und Verpflegung und den Zusatzleistungen,
2. die allgemeinen Bedingungen der Pflege einschließlich der Kostenübernahme, der Abrechnung der Entgelte und der hierzu erforderlichen Bescheinigungen und Berichte,

3. Maßstäbe und Grundsätze für eine wirtschaftliche und leistungsbezogene, am Versorgungsauftrag orientierte personelle Ausstattung der Pflegeeinrichtungen,
4. die Überprüfung der Notwendigkeit und Dauer der Pflege,
5. Abschläge von der Pflegevergütung bei vorübergehender Abwesenheit (Krankenhausaufenthalt, Beurlaubung) des Pflegebedürftigen aus dem Pflegeheim,
6. den Zugang des Medizinischen Dienstes und sonstiger von den Pflegekassen beauftragter Prüfer zu den Pflegeeinrichtungen,
7. die Verfahrens- und Prüfungsgrundsätze für Wirtschaftlichkeitsprüfungen einschließlich der Verteilung der Prüfungskosten,
8. die Grundsätze zur Festlegung der örtlichen oder regionalen Einzugsbereiche der Pflegeeinrichtungen, um Pflegeleistungen ohne lange Wege möglichst orts- und bürgernah anzubieten.

(3) Kommt ein Vertrag nach Absatz 1 über Regelungsbereiche, die die ambulante Pflege betreffen, bis zum 31. März 1995 ganz oder teilweise nicht zustande, wird sein Inhalt auf Antrag einer Vertragspartei durch die Schiedsstelle nach § 76 festgesetzt. Für Verträge über Regelungsbereiche, die die stationäre Pflege betreffen, gilt Satz 1 entsprechend mit der Maßgabe, daß Stichtag der 31. Dezember 1995 ist.

(4) Die Verträge nach Absatz 1 können von jeder Vertragspartei mit einer Frist von einem Jahr ganz oder teilweise gekündigt werden. Satz 1 gilt entsprechend für die von der Schiedsstelle nach Absatz 3 getroffenen Regelungen. Diese können auch ohne Kündigung jederzeit durch einen Vertrag nach Absatz 1 ersetzt werden.

(5) Die Spitzenverbände der Pflegekassen und die Vereinigungen der Träger der Pflegeeinrichtungen auf Bundesebene sollen unter Beteiligung des Medizinischen Dienstes der Spitzenverbände der Krankenkassen gemeinsam mit der Bundesvereinigung der kommunalen Spitzenverbände und der Bun-

desarbeitsgemeinschaft der überörtlichen Träger der Sozialhilfe Empfehlungen zum Inhalt der Verträge nach Absatz 1 abgeben.

§ 76 Schiedsstelle

(1) Die Landesverbände der Pflegekassen und die Vereinigungen der Träger der Pflegeeinrichtungen im Land bilden gemeinsam für jedes Land eine Schiedsstelle. Diese entscheidet in den ihr nach diesem Buch zugewiesenen Angelegenheiten.
(2) Die Schiedsstelle besteht aus Vertretern der Pflegekassen und Pflegeeinrichtungen in gleicher Zahl sowie einem unparteiischen Vorsitzenden und zwei weiteren unparteiischen Mitgliedern. Der Schiedsstelle gehört auch ein Vertreter des Verbandes der privaten Krankenversicherung e. V. sowie der überörtlichen Träger der Sozialhilfe im Land an, die auf die Zahl der Vertreter der Pflegekassen angerechnet werden. Die Vertreter der Pflegekassen und deren Stellvertreter werden von den Landesverbänden der Pflegekassen, die Vertreter der Pflegeeinrichtungen und deren Stellvertreter von den Vereinigungen der Träger der Pflegedienste und Pflegeheime im Land bestellt; bei der Bestellung der Vertreter der Pflegeeinrichtungen ist die Trägervielfalt zu beachten. Der Vorsitzende und die weiteren unparteiischen Mitglieder werden von den beteiligten Organisationen gemeinsam bestellt. Kommt eine Einigung nicht zustande, werden sie durch Los bestimmt. Soweit beteiligte Organisationen keinen Vertreter bestellen oder im Verfahren nach Satz 4 keine Kandidaten für das Amt des Vorsitzenden oder der weiteren unparteiischen Mitglieder benennen, bestellt die zuständige Landesbehörde auf Antrag einer der beteiligten Organisationen die Vertreter und benennt die Kandidaten.
(3) Die Mitglieder der Schiedsstelle führen ihr Amt als Ehrenamt. Sie sind an Weisungen nicht gebunden. Jedes Mitglied hat eine Stimme. Die Entscheidungen werden mit der

Mehrheit der Mitglieder getroffen. Ergibt sich keine Mehrheit, gibt die Stimme des Vorsitzenden den Ausschlag.
(4) Die Rechtsaufsicht über die Schiedsstelle führt die zuständige Landesbehörde.
(5) Die Landesregierungen werden ermächtigt, durch Rechtsverordnung das Nähere über die Zahl, die Bestellung, die Amtsdauer und die Amtsführung, die Erstattung der baren Auslagen und die Entschädigung für Zeitaufwand der Mitglieder der Schiedsstelle, die Geschäftsführung, das Verfahren, die Erhebung und die Höhe der Gebühren sowie über die Verteilung der Kosten zu bestimmen.

Dritter Abschnitt
Beziehungen zu sonstigen Leistungserbringern

§ 77 Häusliche Pflege durch Einzelpersonen

(1) Zur Gewährung häuslicher Pflege und zur hauswirtschaftlichen Versorgung können die Pflegekassen Verträge mit geeigneten einzelnen Pflegekräften schließen. In dem Vertrag sind Inhalt, Umfang, Vergütung sowie Prüfung der Qualität und Wirtschaftlichkeit der vereinbarten Leistungen zu regeln.
(2) Die Pflegekassen können bei Bedarf einzelne Pflegekräfte zur Sicherstellung der häuslichen Pflege anstellen, für die hinsichtlich der Wirtschaftlichkeit und Qualität ihrer Leistungen die gleichen Anforderungen wie für die zugelassenen Pflegedienste nach diesem Buch gelten.

§ 78 Verträge über Pflegehilfsmittel

(1) Die Spitzenverbände der Pflegekassen schließen mit den Leistungserbringern oder deren Verbänden Verträge über die Versorgung der Versicherten mit Pflegehilfsmitteln, soweit diese nicht nach den Vorschriften des Fünften Buches über die Hilfsmittel zu vergüten sind; dabei ist das Pflegehilfsmittelverzeichnis nach Absatz 2 zu beachten. In den Ver-

trägen sind auch die Grundsätze und Maßstäbe sowie das Verfahren für die Prüfung der Wirtschaftlichkeit und Qualität der Versorgung mit Pflegehilfsmitteln zu regeln.

(2) Die Spitzenverbände der Pflegekassen regeln mit Wirkung für ihre Mitglieder das Nähere zur Bemessung der Zuschüsse für Maßnahmen zur Verbesserung des individuellen Wohnumfeldes der Pflegebedürftigen nach § 40 Abs. 4 Satz 2. Sie erstellen als Anlage zu dem Hilfsmittelverzeichnis nach § 128 des Fünften Buches ein Verzeichnis der von der Leistungspflicht der Pflegeversicherung umfaßten Pflegehilfsmittel (Pflegehilfsmittelverzeichnis), soweit diese nicht bereits im Hilfsmittelverzeichnis nach § 128 des Fünften Buches enthalten sind, und schreiben es regelmäßig fort; darin sind gesondert die Pflegehilfsmittel auszuweisen, die:

1. durch Festbeträge vergütet werden; dabei sollen in ihrer Funktion gleichartige und gleichwertige Mittel in Gruppen zusammengefaßt werden,
2. für eine leihweise Überlassung an die Versicherten geeignet sind.

Die Verbände der betroffenen Leistungserbringer sowie die Verbände der Pflegeberufe und der Behinderten sind vor Erstellung und Fortschreibung des Pflegehilfsmittelverzeichnisses anzuhören. Das Pflegehilfsmittelverzeichnis ist im Bundesanzeiger bekanntzugeben.

(3) Die Spitzenverbände der Pflegekassen setzen für die in Absatz 2 Satz 2 Nr. 1 bestimmten Pflegehilfsmittel einheitliche Festbeträge fest. Absatz 2 Satz 3 und 4 gilt entsprechend.

(4) Die Landesverbände der Pflegekassen vereinbaren untereinander oder mit geeigneten Pflegeeinrichtungen das Nähere zur Ausleihe der hierfür nach Absatz 2 Satz 2 Nr. 2 geeigneten Pflegehilfsmittel einschließlich ihrer Beschaffung, Lagerung und Wartung. Die Pflegebedürftigen und die zugelassenen Pflegeeinrichtungen sind von den Pflegekassen oder deren Verbänden in geeigneter Form über die Möglichkeit der Ausleihe zu unterrichten.

(5) Das Bundesministerium für Arbeit und Sozialordnung wird ermächtigt, das Pflegehilfsmittelverzeichnis nach Absatz 2 und die Festbeträge nach Absatz 3 durch Rechtsverordnung im Einvernehmen mit dem Bundesministerium für Gesundheit und dem Bundesministerium für Familie und Senioren und mit Zustimmung des Bundesrates zu bestimmen; § 40 Abs. 5 bleibt unberührt.

Vierter Abschnitt
Wirtschaftlichkeitsprüfungen und Qualitätssicherung

§ 79 Wirtschaftlichkeitsprüfungen

(1) Die Landesverbände der Pflegekassen können die Wirtschaftlichkeit und Wirksamkeit der ambulanten, teilstationären und vollstationären Pflegeleistungen durch von ihnen bestellte Sachverständige prüfen lassen; vor Bestellung der Sachverständigen ist der Träger der Pflegeeinrichtung zu hören. Bestehen Anhaltspunkte dafür, daß eine Pflegeeinrichtung die Anforderungen des § 72 Abs. 3 Satz 1 nicht oder nicht mehr erfüllt, sind die Landesverbände zur Einleitung einer Wirtschaftlichkeitsprüfung verpflichtet.
(2) Die Träger der Pflegeeinrichtungen sind verpflichtet, dem Sachverständigen auf Verlangen die für die Wahrnehmung seiner Aufgaben notwendigen Unterlagen vorzulegen und Auskünfte zu erteilen.
(3) Das Prüfungsergebnis ist, unabhängig von den sich daraus ergebenden Folgerungen für eine Kündigung des Versorgungsvertrags nach § 74, in der nächstmöglichen Vergütungsvereinbarung mit Wirkung für die Zukunft zu berücksichtigen.

§ 80 Qualitätssicherung

(1) Die Spitzenverbände der Pflegekassen, die Bundesarbeitsgemeinschaft der überörtlichen Träger der Sozialhilfe,

die Bundesvereinigung der kommunalen Spitzenverbände und die Vereinigungen der Träger der Pflegeeinrichtungen auf Bundesebene vereinbaren gemeinsam und einheitlich Grundsätze und Maßstäbe für die Qualität und die Qualitätssicherung der ambulanten und stationären Pflege sowie für das Verfahren zur Durchführung von Qualitätsprüfungen. Sie arbeiten dabei mit dem Medizinischen Dienst der Spitzenverbände der Krankenkassen, den Verbänden der Pflegeberufe und den Verbänden der Behinderten eng zusammen. Die Vereinbarungen sind im Bundesanzeiger zu veröffentlichen; sie sind für alle Pflegekassen und deren Verbände sowie für die zugelassenen Pflegeeinrichtungen unmittelbar verbindlich.

(2) Die zugelassenen Pflegeeinrichtungen sind verpflichtet, sich an Maßnahmen zur Qualitätssicherung zu beteiligen; bei stationärer Pflege erstreckt sich die Qualitätssicherung neben den allgemeinen Pflegeleistungen auch auf die Leistungen bei Unterkunft und Verpflegung (§ 87) sowie auf die Zusatzleistungen (§ 88). Die Pflegeeinrichtungen haben auf Verlangen der Landesverbände der Pflegekassen dem Medizinischen Dienst der Krankenversicherung oder den von den Landesverbänden bestellten Sachverständigen die Prüfung der Qualität ihrer Leistungen durch Einzelprüfungen, Stichproben und vergleichende Prüfungen zu ermöglichen. Die Prüfungen sind auf die Qualität der Pflege, der Versorgungsabläufe und der Pflegeergebnisse zu erstrecken. Für das Löschen der vom Medizinischen Dienst der Krankenversicherung erhobenen Daten gilt § 107 Abs. 1 Satz 1 Nr. 2 und Satz 2 entsprechend.

(3) Das Ergebnis der Prüfung nach Absatz 2 ist der betroffenen Pflegeeinrichtung von den Landesverbänden der Pflegekassen mitzuteilen. Soweit Qualitätsmängel festgestellt werden, entscheiden die Landesverbände der Pflegekassen nach Anhörung der Pflegeeinrichtung und einer Vereinigung, der der Träger angehört, welche Maßnahmen zu treffen sind, erteilen dem Träger der Einrichtung hierüber einen Bescheid

und setzen ihm darin zugleich eine angemessene Frist zur Beseitigung der festgestellten Mängel. Werden die Mängel nicht fristgerecht beseitigt, können die Landesverbände gemeinsam den Versorgungsvertrag gemäß § 74 Abs. 1, in schwerwiegenden Fällen nach § 74 Abs. 2 kündigen. § 73 Abs. 2 gilt entsprechend.

(4) Hat der Medizinische Dienst Erkenntnisse über Mängel aus Stichproben nach Absatz 2 Satz 2 gewonnen, ist er zur Übermittlung personenbezogener Daten an die Landesverbände der Pflegekassen befugt, soweit dies jeweils für die Anhörung und Erteilung eines Bescheides nach Absatz 3 Satz 2 erforderlich ist. Die Landesverbände der Pflegekassen sind befugt, die Daten nach Satz 1 der Pflegeeinrichtung zu übermitteln, soweit dies für die Anhörung oder eine Stellungnahme der Pflegeeinrichtung zu dem Bescheid nach Absatz 3 Satz 2 erforderlich ist.

(5) Kommen Vereinbarungen nach Absatz 1 bis zum 30. Juni 1995 nicht zustande, wird ihr Inhalt durch Rechtsverordnung des Bundesministeriums für Arbeit und Sozialordnung im Einvernehmen mit dem Bundesministerium für Familie und Senioren und dem Bundesministerium für Gesundheit und mit Zustimmung des Bundesrates festgelegt.

§ 81 Verfahrensregelungen

(1) Die Landesverbände der Pflegekassen (§ 52) erfüllen die ihnen nach dem Siebten und Achten Kapitel zugewiesenen Aufgaben gemeinsam. Kommt eine Einigung ganz oder teilweise nicht zustande, gilt § 213 Abs. 2 des Fünften Buches entsprechend. Bei Entscheidungen, die von den Landesverbänden der Pflegekassen mit den Arbeitsgemeinschaften der örtlichen Sozialhilfeträger oder den überörtlichen Sozialhilfeträgern gemeinsam zu treffen sind, werden die Arbeitsgemeinschaften oder die überörtlichen Träger mit zwei Vertretern an der Beschlußfassung nach Satz 1 in Verbindung mit § 213 Abs. 2 des Fünften Buches beteiligt.

(2) Absatz 1 gilt für die den Spitzenverbänden der Pflegekassen (§ 53) nach dem Siebten Kapitel zugewiesenen Aufgaben entsprechend.

...

§ 108 Auskünfte an Versicherte

Die Pflegekassen unterrichten die Versicherten auf deren Antrag über die im jeweils letzten Geschäftsjahr in Anspruch genommenen Leistungen und deren Kosten. Eine Mitteilung an die Leistungserbringer über die Unterrichtung des Versicherten ist nicht zulässig. Die Pflegekassen können in ihren Satzungen das Nähere über das Verfahren der Unterrichtung regeln.

...

Zehntes Kapitel
Private Pflegeversicherung

§ 110 Regelungen für die private Pflegeversicherung

(1) Um sicherzustellen, daß die Belange der Personen, die nach § 23 zum Abschluß eines Pflegeversicherungsvertrages bei einem privaten Krankenversicherungsunternehmen verpflichtet sind, ausreichend gewahrt werden und daß die Verträge auf Dauer erfüllbar bleiben, ohne die Interessen der Versicherten anderer Tarife zu vernachlässigen, werden die im Geltungsbereich dieses Gesetzes zum Betrieb der Pflegeversicherung befugten privaten Krankenversicherungsunternehmen verpflichtet,

1. mit allen in § 22 und § 23 Abs. 1, 3 und 4 genannten versicherungspflichtigen Personen auf Antrag einen Versicherungsvertrag abzuschließen, der einen Versicherungsschutz in dem in § 23 Abs. 1 und 3 festgelegten Umfang vorsieht (Kontrahierungszwang); dies gilt auch für das nach § 23 Abs. 2 gewählte Versicherungsunternehmen,
2. in den Verträgen, die Versicherungspflichtige in dem nach § 23 Abs. 1 und 3 vorgeschriebenen Umfang abschließen,

a) keinen Ausschluß von Vorerkrankungen der Versicherten,
b) keinen Ausschluß bereits pflegebedürftiger Personen,
c) keine längeren Wartezeiten als in der sozialen Pflegeversicherung (§ 33 Abs. 2),
d) keine Staffelung der Prämien nach Geschlecht und Gesundheitszustand der Versicherten,
e) keine Prämienhöhe, die den Höchstbeitrag der sozialen Pflegeversicherung übersteigt, bei Personen, die nach § 23 Abs. 3 einen Teilkostentarif abgeschlossen haben, keine Prämienhöhe, die 50 vom Hundert des Höchstbeitrages der sozialen Pflegeversicherung übersteigt,
f) die beitragsfreie Mitversicherung der Kinder des Versicherungsnehmers unter denselben Voraussetzungen, wie in § 25 festgelegt,
g) für Ehegatten ab dem Zeitpunkt des Nachweises der zur Inanspruchnahme der Beitragsermäßigung berechtigenden Umstände keine Prämie in Höhe von mehr als 150 vom Hundert des Höchstbeitrages der sozialen Pflegeversicherung, wenn ein Ehegatte kein Gesamteinkommen hat, das regelmäßig im Monat ein Siebtel der monatlichen Bezugsgröße nach § 18 des Vierten Buches überschreitet,

vorzusehen.

(2) Die in Absatz 1 genannten Bedingungen gelten für Versicherungsverträge, die mit Personen abgeschlossen werden, die zum Zeitpunkt des Inkrafttretens dieses Gesetzes Mitglied bei einem privaten Krankenversicherungsunternehmen mit Anspruch auf allgemeine Krankenhausleistungen sind oder sich nach Artikel 41 des Pflege-Versicherungsgesetzes innerhalb von sechs Monaten nach Inkrafttreten dieses Gesetzes von der Versicherungspflicht in der sozialen Pflegeversicherung befreien lassen.

(3) Für Versicherungsverträge, die mit Personen abgeschlossen werden, die erst nach Inkrafttreten dieses Gesetzes Mit-

glied eines privaten Krankenversicherungsunternehmens mit Anspruch auf allgemeine Krankenhausleistungen werden, gelten, sofern sie in Erfüllung der Vorsorgepflicht nach § 22 Abs. 1 und § 23 Abs. 1, 3 und 4 geschlossen werden und Vertragsleistungen in dem in § 23 Abs. 1 und 3 festgelegten Umfang vorsehen, folgende Bedingungen:

1. Kontrahierungszwang,
2. kein Ausschluß von Vorerkrankungen der Versicherten,
3. keine Staffelung der Prämien nach Geschlecht,
4. keine längeren Wartezeiten als in der sozialen Pflegeversicherung,
5. für Versicherungsnehmer, die über eine Vorversicherungszeit von mindestens fünf Jahren in ihrer privaten Pflegeversicherung oder privaten Krankenversicherung verfügen, keine Prämienhöhe, die den Höchstbeitrag der sozialen Pflegeversicherung übersteigt; Absatz 1 Nr. 2 Buchstabe e gilt,
6. beitragsfreie Mitversicherung der Kinder des Versicherungsnehmers unter denselben Voraussetzungen, wie in § 25 festgelegt.

(4) Rücktritts- und Kündigungsrechte der Versicherungsunternehmen sind ausgeschlossen, solange der Kontrahierungszwang besteht.

...

Elftes Kapitel
Bußgeldvorschrift

§ 112 Bußgeldvorschrift

(1) Ordnungswidrig handelt, wer vorsätzlich oder leichtfertig

1. der Verpflichtung zum Abschluß oder zur Aufrechterhaltung des privaten Pflegeversicherungsvertrages nach § 23 Abs. 1 Satz 1 und 2 oder § 23 Abs. 4 oder der Verpflichtung zur Aufrechterhaltung des privaten Pflegeversicherungsvertrages nach § 22 Abs. 1 Satz 2 nicht nachkommt,

2. entgegen § 50 Abs. 1 Satz 1, § 51 Abs. 1 Satz 1 und 2, § 51 Abs. 3 oder entgegen Artikel 42 Abs. 4 Satz 1 oder 2 des Pflege-Versicherungsgesetzes eine Meldung nicht, nicht richtig, nicht vollständig oder nicht rechtzeitig erstattet,
3. entgegen § 50 Abs. 3 Satz 1 Nr. 1 eine Auskunft nicht, nicht richtig, nicht vollständig oder nicht rechtzeitig erteilt oder entgegen § 50 Abs. 3 Satz 1 Nr. 2 eine Änderung nicht, nicht richtig, nicht vollständig oder nicht rechtzeitig mitteilt,
4. entgegen § 50 Abs. 3 Satz 2 die erforderlichen Unterlagen nicht, nicht vollständig oder nicht rechtzeitig vorlegt,
5. entgegen Artikel 42 Abs. 1 Satz 3 des Pflege-Versicherungsgesetzes den Leistungsumfang seines privaten Versicherungsvertrages nicht oder nicht rechtzeitig anpaßt,
6. mit der Entrichtung von sechs Monatsprämien zur privaten Pflegeversicherung in Verzug gerät.

(2) Die Ordnungswidrigkeit kann mit einer Geldbuße bis zu 5000 Deutsche Mark geahndet werden.

(3) Für die von privaten Versicherungsunternehmen begangenen Ordnungswidrigkeiten nach Absatz 1 Nr. 2 ist das Bundesversicherungsamt, für die Ordnungswidrigkeiten nach Absatz 1 Nr. 1 und 6 ist die Pflegekasse des Wohnortes des Versicherungspflichtigen die Verwaltungsbehörde im Sinne des § 36 Abs. 1 Nr. 1 des Gesetzes über Ordnungswidrigkeiten zuständig.

Weitere Bestimmungen des Pflege-Versicherungsgesetzes

Artikel 40 Familienversicherung der Behinderten

Familienversicherung besteht auch für Behinderte, die im Zeitpunkt des Inkrafttretens des Gesetzes die Voraussetzungen nach § 25 Abs. 2 Nr. 4 zweiter Halbsatz des Elften Buches Sozialgesetzbuch nicht erfüllen, diese aber erfüllt hätten, wenn die Pflegeversicherung zum Zeitpunkt des Eintritts der Behinderung bereits bestanden hätte.

Artikel 41 Übergangsregelungen für Fristen bei Wahlrechten der Versicherten

(1) Personen, die am 1. Januar 1995 in der gesetzlichen Krankenversicherung freiwillig versichert sind, können sich bis zum 30. Juni 1995 von der Versicherungspflicht in der sozialen Pflegeversicherung befreien lassen. Befreiungsanträge können bereits vor dem 1. Januar 1995 mit Wirkung ab dem 1. Januar 1995 gestellt werden. § 22 Abs. 1 und 2 Satz 2 und 3 des Elften Buches Sozialgesetzbuch gilt.
(2) Personen, für die nach § 23 Abs. 1 des Elften Buches Sozialgesetzbuch zum 1. Januar 1995 Versicherungspflicht in der privaten Pflegeversicherung eintritt, können ihr Wahlrecht nach § 23 Abs. 2 des Elften Buches Sozialgesetzbuch auch schon vor dem 1. Januar 1995 mit Wirkung zum 1. Januar 1995 ausüben.

Artikel 42 Behandlung der bestehenden privaten Pflegeversicherungsverträge

(1) Wer bei Inkrafttreten des Gesetzes bei einem privaten Versicherungsunternehmen gegen das Risiko der Pflegebedürftigkeit versichert ist, wird auf Antrag von der Versicherungspflicht in der sozialen Pflegeversicherung befreit, wenn der Vertrag mit dem privaten Versicherungsunternehmen vor dem 23. Juni 1993 abgeschlossen wurde. Dies gilt auch, wenn der Versicherte für sich und seine Angehörigen, für die nach § 25 des Elften Buches Sozialgesetzbuch Anspruch auf Familienversicherung bestünde, Vertragsleistungen erhält, die den Leistungen nach dem Vierten Kapitel des Elften Buches Sozialgesetzbuch noch nicht gleichwertig sind. Verträge, die unzureichende Vertragsleistungen vorsehen, sind

bis zum 31. Dezember 1995 an den Leistungsumfang der sozialen Pflegeversicherung anzupassen. § 23 Abs. 3, 5 und 6 des Elften Buches Sozialgesetzbuch gilt.
(2) Der Antrag ist bis zum 31. März 1995 bei der zuständigen Pflegekasse zu stellen. Die Befreiung wirkt vom Beginn der Versicherungspflicht an, sie kann nicht widerrufen werden.
(3) Personen, die nach § 20 oder § 21 des Elften Buches Sozialgesetzbuch versicherungspflichtig werden, können den Pflegeversicherungsvertrag nach Absatz 1 mit Wirkung vom Eintritt der Versicherungspflicht an kündigen. Das Kündigungsrecht gilt auch für Familienangehörige, wenn für sie eine Familienversicherung nach § 25 des Elften Buches Sozialgesetzbuch eintritt.
(4) Die privaten Versicherungsunternehmen haben alle Versicherungsnehmer, die trotz Aufforderung ihren Versicherungsvertrag bis zum 31. Dezember 1995 nicht entsprechend Absatz 1 Satz 3 angepaßt haben, zu ermitteln und dem Bundesversicherungsamt bis zum 31. März 1996 zu melden. Die Meldepflichten nach Satz 1 bestehen auch, wenn der Versicherungsnehmer den Versicherungsvertrag, der nach Absatz 1 zur Versicherungsfreiheit geführt hat, nicht fortsetzt.
(5) Der Anspruch des Versicherungsnehmers auf einen Beitragszuschuß richtet sich nach § 61 des Elften Buches Sozialgesetzbuch, § 106 a des Sechsten Buches Sozialgesetzbuch, § 53 a des Bundesversorgungsgesetzes, § 13 a des Bundesausbildungsförderungsgesetzes, § 23 a des Arbeitssicherstellungsgesetzes, § 8 a des Eignungsübungsgesetzes, § 7 des Unterhaltssicherungsgesetzes, § 10 a des Künstlersozialversicherungsgesetzes, § 276 des Lastenausgleichsgesetzes und § 15 des Flüchtlingshilfegesetzes. In der Zeit vom 1. Januar 1995 bis einschließlich 31. Dezember 1995 besteht der Anspruch auf den Zuschuß zu den Beiträgen für Verträge nach Absatz 1 auch in den Fällen, in denen die Vertragsleistungen noch nicht den Leistungen der sozialen Pflegeversicherung gleichwertig sind.

(6) Wird der Vertrag entgegen Absatz 1 Satz 3 nicht angepaßt oder der Vertrag nach Absatz 1 vom Versicherungsnehmer nicht erfüllt, tritt ab 1. Januar 1996 für Versicherungspflichtige nach § 20 oder § 21 des Elften Buches Sozialgesetzbuch Versicherungspflicht in der sozialen Pflegeversicherung ein.

Artikel 45 Bezieher von Pflegeleistungen nach den §§ 53 bis 57 des Fünften Buches Sozialgesetzbuch

(1) Pflegebedürftige Versicherte, die bis zum 31. März 1995 Leistungen bei Schwerpflegebedürftigkeit nach den §§ 53 bis 57 des Fünften Buches Sozialgesetzbuch erhalten haben, werden mit Wirkung vom 1. April 1995 ohne Antragstellung in die Pflegestufe II eingestuft und erhalten Leistungen nach dem Vierten Kapitel des Elften Buches Sozialgesetzbuch in dem Umfang, der für Pflegebedürftige im Sinne des § 15 Abs. 1 Nr. 2 des Elften Buches Sozialgesetzbuch vorgesehen ist. Sie werden auf Antrag der Pflegestufe III zugeordnet und erhalten Leistungen in dem Umfang, der für Pflegebedürftige im Sinne des § 15 Abs. 1 Nr. 3 des Elften Buches Sozialgesetzbuch vorgesehen ist, wenn festgestellt wird, daß Pflegebedürftigkeit im entsprechenden Umfang vorliegt. Wird der Antrag bis zum 30. Juni 1995 gestellt, wird die Zuordnung zur Pflegestufe III rückwirkend ab 1. April 1995 vorgenommen, bei späterer Antragstellung ab dem Zeitpunkt der Antragstellung.
(2) Die Krankenkassen stellen den Pflegekassen die für die Leistungsgewährung notwendigen Unterlagen zur Verfügung und übermitteln die erforderlichen personenbezogenen Daten.

Artikel 47 Beitragsfreiheit für Pflegebedürftige in stationärer Pflege

Für Pflegebedürftige, die zum Zeitpunkt des Inkrafttretens dieses Gesetzes vollstationäre Pflege in einem Pflegeheim erhalten, besteht bis zum Inkrafttreten der Regelungen des § 43 des Elften Buches Sozialgesetzbuch auf Antrag Beitragsfreiheit in der sozialen Pflegeversicherung, wenn sie keine Familienangehörigen haben, für die eine Versicherung nach § 25 des Elften Buches Sozialgesetzbuch besteht.

Artikel 48 Übergangsregelungen für Rentenbezieher

(1) Für Personen, die am 31. Dezember 1994 eine Rente aus der gesetzlichen Rentenversicherung beziehen und bei denen § 28 Abs. 2 des Elften Buches Sozialgesetzbuch Anwendung findet, wird der Zuschuß zur Pflegeversicherung für die Zeit vom 1. Januar 1995 bis zum 30. Juni 1996 auf der Grundlage des Beitragssatzes nach § 55 Abs. 1 Satz 1 des Elften Buches Sozialgesetzbuch gezahlt. Die Pflegekassen melden den Rentenversicherungsträgern bis zum 31. Januar 1996 die bei ihnen versicherten Rentner der gesetzlichen Rentenversicherung, bei denen § 28 Abs. 2 des Elften Buches Sozialgesetzbuch angewendet wird. Die Meldepflicht gilt auch für die privaten Versicherungsunternehmen im Hinblick auf die bei ihnen versicherten Rentner, für die bei Versicherungspflicht in der sozialen Pflegeversicherung § 28 Abs. 2 des Elften Buches Sozialgesetzbuch Anwendung finden würde.
(2) Für Personen, die am 31. Dezember 1994 eine Rente aus der gesetzlichen Rentenversicherung beziehen, ist der von den Trägern der Rentenversicherung zu zahlende Zuschuß zur Pflegeversicherung von Amts wegen zu zahlen.
(3) Über die Beitragseinbehaltung aus Renten der gesetzlichen Rentenversicherung für die soziale Pflegeversicherung sowie über den Zuschuß zur Pflegeversicherung sind die Rentner zu informieren. Ein besonderer Bescheid ist nicht erforderlich.

Artikel 51 Pflegegeld nach dem Bundessozialhilfegesetz

Pflegebedürftige, die bis zum 31. März 1995 nach § 69 Bundessozialhilfegesetz in der bis zum 31. März 1995 geltenden

Fassung Pflegegeld bezogen haben, erhalten das Pflegegeld insoweit weiter, als es zusammen mit dem bis zum 31. März 1995 gezahlten Pflegegeld nach § 57 des Fünften Buches Sozialgesetzbuch den Pflegegeldanspruch nach § 37 des Elften Buches Sozialgesetzbuch übersteigt und die geltenden Vorschriften des Bundessozialhilfegesetzes den Leistungsbezug nicht ausschließen. Bei der Anwendung dieser Bestimmung ist von den am 31. März 1995 in § 69 Bundessozialhilfegesetz festgelegten Beträgen auszugehen.

Richtlinien

der Spitzenverbände der Pflegekassen über die Abgrenzung der Merkmale der Pflegebedürftigkeit und der Pflegestufen sowie zum Verfahren der Feststellung der Pflegebedürftigkeit

(Pflegebedürftigkeits-Richtlinien – PflRi) vom 7.11.1994

Der AOK-Bundesverband,
der Bundesverband der Betriebskrankenkassen,
der IKK-Bundesverband,
die See-Krankenkasse,
der Bundesverband der Landwirtschaftlichen Krankenkassen,
die Bundesknappschaft,
der Verband der Angestellten-Krankenkassen e. V. und
der AEV – Arbeiter-Ersatzkassen-Verband e. V.

handelnd als Spitzenverbände der Pflegekassen haben unter Beteiligung des Medizinischen Dienstes der Spitzenverbände der Krankenkassen, der Kassenärztlichen Bundesvereinigung, der Bundesverbände der Pflegeberufe und der Behinderten, der Bundesarbeitsgemeinschaft der Freien Wohlfahrtspflege, der Bundesarbeitsgemeinschaft der überörtlichen Träger der Sozialhilfe, der Kommunalen Spitzenverbände auf Bundesebene, der Bundesverbände privater Alten- und Pflegeheime sowie der Verbände der privaten ambulanten Dienste

aufgrund des § 17 SGB XI in Verbindung mit § 213 SGB V

am 7. 11. 1994 gemeinsam und einheitlich die nachstehenden Richtlinien zur Abgrenzung der Merkmale der Pflegebedürftigkeit und der Pflegestufen sowie zum Verfahren der Feststellung der Pflegebedürftigkeit (Pflegebedürftigkeits-Richtlinien – PflRi) beschlossen.

1. Allgemeines

Die Richtlinien bestimmen die Merkmale der Pflegebedürftigkeit (§ 14 SGB XI) und die Pflegestufen (§ 15 SGB XI) sowie das Verfahren der Feststellung der Pflegebedürftigkeit (§ 18 SGB XI) bei häuslicher Pflege. Sie sind für die Pflegekassen (§ 46 SGB XI) sowie für die Medizinischen Dienste der Krankenversicherung (MDK) verbindlich (§§ 213, 282 SGB V). Regionale Abweichungen sind nicht zulässig.
Beziehungen der Pflegekassen zu den Leistungserbringern, insbesondere hinsichtlich der Qualität der zu erbringenden Leistungen, des Personalbedarfs und der Vergütung sind nicht Gegenstand dieser Richtlinien.

2. Ziele der Pflege

Pflegebedürftigkeit ist regelmäßig kein unveränderbarer Zustand, sondern ein Prozeß, der durch präventive, therapeutische, bzw. rehabilitative Maßnahmen und durch aktivierende Pflege beeinflußbar ist.
Die aktivierende Pflege soll gemeinsam mit den Rehabilitationsmaßnahmen dem Pflegebedürftigen helfen, trotz seines Hilfebedarfs eine möglichst weitgehende Selbständigkeit im täglichen Leben zu fördern, zu erhalten bzw. wiederherzustellen. Dabei ist insbesondere anzustreben,
- vorhandene Selbstversorgungsfähigkeiten zu erhalten und solche, die verloren gegangen sind, zu reaktivieren,
- bei der Leistungserbringung die Kommunikation zu verbessern,
- daß geistig und seelisch Behinderte, psychisch Kranke und geistig verwirrte Menschen sich in ihrer Umgebung und auch zeitlich zurechtfinden.

Pflegekasse, MDK, Pflegeeinrichtungen und Pflegedienste (§ 71 Abs. 1 SGB XI) sowie Pflegepersonen sind verpflichtet, geeignete Maßnahmen zur Erreichung dieser Ziele vorzuschlagen, zu veranlassen oder auszuführen.

3. Merkmale der Pflegebedürftigkeit

3.1 Nach § 14 SGB XI sind Personen pflegebedürftig, die wegen einer körperlichen, geistigen oder seelischen Krankheit oder Behinderung für die gewöhnlichen und regelmäßig wiederkehrenden Verrichtungen im Ablauf des täglichen Lebens auf Dauer, voraussichtlich für mindestens sechs Monate, in erheblichem oder höherem Maße der Hilfe bedürfen. Krankheiten oder Behinderungen in diesem Sinne sind

1. Verluste, Lähmungen oder andere Funktionsstörungen am Stütz- und Bewegungsapparat,
2. Funktionsstörungen der inneren Organe oder der Sinnesorgane,
3. Störungen des zentralen Nervensystems wie Antriebs-, Gedächtnis- oder Orientierungsstörungen sowie endogene Psychosen, Neurosen oder geistige Behinderungen.

3.2 Pflegebedürftigkeit auf Dauer liegt vor, wenn sich die eingeschränkten oder nicht vorhandenen Fähigkeiten der hilfebedürftigen Person zur Ausübung der genannten Verrichtungen voraussichtlich innerhalb von sechs Monaten nach Eintritt der Hilfebedürftigkeit im Sinne des § 14 SGB XI nicht (z.B. durch rehabilitative Maßnahmen) wiederherstellen lassen. Pflegebedürftigkeit auf Dauer ist auch gegeben, wenn der Hilfebedarf nur deshalb nicht über sechs Monate hinausgeht, weil die zu erwartende Lebensspanne voraussichtlich weniger als sechs Monate beträgt.

3.3 Die Pflegebedürftigkeit muß darauf beruhen, daß die Fähigkeit, bestimmte Verrichtungen im Ablauf des täglichen Lebens auszuüben, eingeschränkt oder nicht vorhanden ist. Maßstab der Beurteilung der Pflegebedürftigkeit sind daher ausschließlich die Fähigkeiten zur Ausübung dieser Verrichtungen und nicht Art oder Schwere vorliegender Erkrankungen (wie z. B. Krebs oder Aids) oder Schädigungen (wie z. B. Taubheit, Blindheit, Lähmung). Entscheidungen in einem anderen Sozialleistungsbereich über das Vorliegen einer Behinderung (z. B. GdB) oder die Gewährung einer Rente haben keine bindende Wirkung für die Pflegekasse und sagen auch nichts aus über das Vorliegen von Pflegebedürftigkeit.

Pflegebedürftigkeit ist auch dann gegeben, wenn der Pflegebedürftige die Verrichtung zwar motorisch ausüben, jedoch deren Notwendigkeit nicht erkennen oder nicht in sinnvolles zweckgerichtetes Handeln umsetzen kann (z. B. bei Antriebs- und Gedächtnisstörungen, verminderter Orientierung in der Wohnung oder Umgebung, bei Verwechseln oder Nichterkennen vertrauter Personen sowie bei Störungen der emotionalen Kontrolle).

3.4 Grundlage für die Feststellung der Pflegebedürftigkeit sind allein die im Gesetz genannten gewöhnlichen und regelmäßig wiederkehrenden Verrichtungen im Ablauf des täglichen Lebens.

3.4.1 Verrichtungen in diesem Sinne sind

- im Bereich der Körperpflege
  1. das Waschen,
  2. das Duschen,
  3. das Baden,
  4. die Zahnpflege,
  5. das Kämmen,
  6. das Rasieren,
  7. die Darm- oder Blasenentleerung
- im Bereich der Ernährung
  8. das mundgerechte Zubereiten der Nahrung,
  9. die Aufnahme der Nahrung
- im Bereich der Mobilität
  10. Aufstehen und Zu-Bett-Gehen,
  11. An- und Auskleiden,

12. Gehen,
13. Stehen,
14. Treppensteigen,
15. Verlassen und Wiederaufsuchen der Wohnung

– im Bereich der hauswirtschaftlichen Versorgung
16. das Einkaufen,
17. das Kochen,
18. das Reinigen der Wohnung,
19. das Spülen,
20. das Wechseln und Waschen der Wäsche und Kleidung,
21. das Beheizen.

3.4.2 Haarewaschen sowie das Schneiden von Finger- und Fußnägeln sind regelmäßig keine täglich anfallenden Verrichtungen.
Die Zahnpflege (lfd. Nr. 4) umfaßt auch die Mundpflege. Das Rasieren (lfd. Nr. 6) umfaßt auch die damit zusammenhängende Haut- und Gesichtspflege.
Zur mundgerechten Zubereitung und zur Aufnahme der Nahrung (lfd. Nr. 8 und 9) gehören alle Tätigkeiten, die zur unmittelbaren Vorbereitung dienen und die die Aufnahme von fester oder flüssiger Nahrung ermöglichen, wie z. B.
- portions- und temperaturgerechte Vorgabe,
- Umgang mit Besteck.

Unter Gehen (lfd. Nr. 12) ist das Bewegen im Zusammenhang mit den Verrichtungen im Bereich der Körperpflege, der Ernährung und der hauswirtschaftlichen Versorgung zu verstehen. Auch Stehen und Treppensteigen (lfd. Nr. 13 und 14) kommen nur im Zusammenhang mit diesen Verrichtungen in Betracht.
Beim Verlassen und Wiederaufsuchen der Wohnung (lfd. Nr. 15) sind nur solche Verrichtungen außerhalb der Wohnung bei der Begutachtung zu berücksichtigen, die für die Aufrechterhaltung der Lebensführung zu Hause unumgänglich sind und das persönliche Erscheinen des Pflegebedürftigen erfordern. Weiterer Hilfebedarf, z. B. bei Spaziergängen

oder Besuch von kulturellen Veranstaltungen, bleibt unberücksichtigt.
Das Einkaufen (lfd. Nr. 16) umfaßt z. B. auch
- den Überblick, welche Lebensmittel wo eingekauft werden müssen,
- Kenntnis des Wertes von Geldmünzen und Banknoten,
- Kenntnis der Genieß- bzw. Haltbarkeit von Lebensmitteln.

Zum Kochen (lfd. Nr. 17) gehört auch das Vor- und Zubereiten der Bestandteile der Mahlzeiten.
Das Reinigen der Wohnung (lfd. Nr. 18) beschränkt sich auf den allgemein üblichen Lebensbereich.
Der Begriff Waschen der Wäsche und Kleidung (lfd. Nr. 20) umfaßt die gesamte Pflege der Wäsche und Kleidung (z. B. Bügeln, Ausbessern).
Das Beheizen (lfd. Nr. 21) umfaßt auch die Beschaffung und Entsorgung des Heizmaterials.
3.5 Die Hilfe muß in Form
- der Unterstützung bei den pflegerelevanten Verrichtungen des täglichen Lebens,
- der teilweisen oder vollständigen Übernahme dieser Verrichtungen,
- der Beaufsichtigung der Ausführung dieser Verrichtungen oder der Anleitung zur Selbstvornahme

durch die Pflegeperson erforderlich sein. Ziel der Hilfe ist soweit wie möglich die eigenständige Übernahme der Verrichtungen durch die pflegebedürftige Person. Bei der Beurteilung, ob und gegebenenfalls in welcher Form Hilfe benötigt wird, ist das häusliche und soziale Umfeld des Pflegebedürftigen zu berücksichtigen. Ein Hilfebedarf kann nicht allein deshalb verneint werden, weil sich der Pflegebedürftige tagsüber außerhalb der Wohnung aufhält.
3.5.1 Unterstützung bedeutet, noch vorhandene Fähigkeiten bei den Verrichtungen des täglichen Lebens zu erhalten und zu fördern sowie dem Pflegebedürftigen zu helfen, verloren gegangene Fähigkeiten wieder zu erlernen und nicht vor-

handende zu entwickeln (aktivierende Pflege). Zur Unterstützung gehört auch, den Pflegebedürftigen zur richtigen Nutzung der ihm überlassenen Hilfsmittel anzuleiten.
Zur Unterstützung gehören ferner bei kranken oder behinderten Kindern auch sonstige pflegerische Maßnahmen durch die Pflegeperson, wie z. B. das Abklopfen bei Mukoviszidose-Kindern (pflegeunterstützende Maßnahmen).
Maßnahmen der Krankenbehandlung (§ 27 SGB V), der medizinischen Rehabilitation (§ 11 Abs. 2 SGB V) oder der Behandlungspflege (§ 37 SGB V) können bei der Feststellung des Pflegebedarfs nicht berücksichtigt werden.

3.5.2 Teilweise oder vollständige Übernahme bedeutet, daß die Pflegeperson den Teil der Verrichtungen des täglichen Lebens übernimmt, den der Pflegebedürftige selbst nicht ausführen kann.

3.5.3 Beaufsichtigung und Anleitung zielen darauf, daß die täglichen Verrichtungen in sinnvoller Weise vom Pflegebedürftigen selbst durchgeführt werden. Beaufsichtigung oder Anleitung kommen insbesondere bei geistig und seelisch Behinderten, psychisch Kranken sowie geistig verwirrten Menschen in Betracht. Beaufsichtigung und Anleitung richten sich auch darauf,
- körperliche, psychische und geistige Fähigkeiten zu fördern und zu erhalten (z. B. Orientierung zur eigenen Person und in der Umgebung),
- Eigen- oder Fremdgefährdung zu vermeiden (z. B. durch unsachgemäßen Umgang mit Strom, Wasser oder offenem Feuer),
- Ängste, Reizbarkeit oder Aggressionen abzubauen.

3.5.4 Nicht zum berücksichtigungsfähigen Hilfebedarf gehören
- Maßnahmen zur Durchführung der beruflichen und sozialen (gesellschaftlichen) Eingliederung,
- Maßnahmen der medizinischen Rehabilitation,
- Maßnahmen zur Förderung der Kommunikation.

4. Abgrenzung der Pflegestufen

4.1 Kriterien für die Zuordnung zu einer der drei Pflegestufen sind neben den genannten Voraussetzungen die Häufigkeit des Hilfebedarfs und ein zeitlicher Mindestaufwand. Geringfügiger oder nur kurzzeitig anfallender Hilfebedarf führt nicht zur Anerkennung einer Pflegestufe. Dies gilt auch, wenn Hilfebedürftigkeit nur bei der hauswirtschaftlichen Versorgung besteht. Die Festlegung des zeitlichen Pflegeaufwandes in den einzelnen Pflegestufen bedeutet keine Vorgabe für die personelle Besetzung ambulanter Pflegedienste.

4.1.1 Pflegestufe I – Erhebliche Pflegebedürftigkeit

Erhebliche Pflegebedürftigkeit liegt vor bei einem mindestens einmal täglich erforderlichen Hilfebedarf bei mindestens zwei Verrichtungen aus einem oder mehreren Bereichen der Körperpflege, Ernährung oder Mobilität. Zusätzlich muß mehrfach in der Woche Hilfe bei der hauswirtschaftlichen Versorgung benötigt werden.
Der wöchentliche Zeitaufwand, den ein Familienangehöriger, Nachbar oder eine andere nicht als Pflegekraft ausgebildete Pflegeperson für alle für die Versorgung des Pflegebedürftigen nach Art und Schwere seiner Pflegebedürftigkeit erforderlichen Leistungen der Grundpflege, hauswirtschaftlichen Versorgung und pflegeunterstützenden Maßnahmen (vgl. Ziffer 3.5.1) benötigt, muß im Tagesdurchschnitt mindestens eineinhalb Stunden betragen, wobei der pflegerische Aufwand gegenüber dem hauswirtschaftlichen Aufwand im Vordergrund stehen muß.

4.1.2 Pflegestufe II – Schwerpflegebedürftigkeit

Schwerpflegebedürftigkeit liegt vor bei einem mindestens dreimal täglich zu verschiedenen Tageszeiten erforderlichen Hilfebedarf bei der Körperpflege, der Ernährung oder der

Mobilität. Zusätzlich muß mehrfach in der Woche Hilfe bei der hauswirtschaftlichen Versorgung benötigt werden.
Der wöchentliche Zeitaufwand, den ein Familienangehöriger, Nachbar oder eine andere nicht als Pflegekraft ausgebildete Pflegeperson für alle für die Versorgung des Pflegebedürftigen nach Art und Schwere seiner Pflegebedürftigkeit erforderlichen Leistungen der Grundpflege, hauswirtschaftlichen Versorgung und pflegeunterstützenden Maßnahmen (vgl. Ziffer 3.5.1) benötigt, muß im Tagesdurchschnitt mindestens drei Stunden betragen, wobei der pflegerische Aufwand gegenüber dem hauswirtschaftlichen Aufwand eindeutig das Übergewicht haben muß.

4.1.3 Pflegestufe III – Schwerstpflegebedürftigkeit

Schwerstpflegebedürftigkeit liegt vor, wenn der Hilfebedarf so groß ist, daß jederzeit eine Pflegeperson unmittelbar erreichbar sein muß, weil der konkrete Hilfebedarf jederzeit und Tag und Nacht anfallen kann (Rund-um-die-Uhr-Betreuung).
Der wöchentliche Zeitaufwand, den ein Familienangehöriger, Nachbar oder eine andere nicht als Pflegekraft ausgebildete Pflegeperson für alle für die Versorgung des Pflegebedürftigen nach Art und Schwere seiner Pflegebedürftigkeit erforderlichen Leistungen der Grundpflege, hauswirtschaftlichen Versorgung und pflegeunterstützenden Maßnahmen (vgl. Ziffer 3.5.1) benötigt, muß im Tagesdurchschnitt mindestens fünf Stunden betragen, wobei der pflegerische Aufwand gegenüber dem hauswirtschaftlichen Aufwand eindeutig das Übergewicht haben muß.

4.2 Pflegebedürftige Kinder sind zur Feststellung des Hilfebedarfs mit einem gesunden Kind gleichen Alters zu vergleichen. Maßgebend für die Beurteilung des Hilfebedarfs bei einem Säugling oder Kleinkind ist nicht der natürliche, altersbedingte Pflegeaufwand, sondern nur der darüber hinausgehende Hilfebedarf. Bei kranken oder behinderten Kindern ist der zusätzliche Hilfebedarf zu berücksichtigen, der sich z.B. als Folge einer angeborenen Erkrankung, einer intensivmedizinischen Behandlung oder einer Operation im Bereich der Körperpflege, der Ernährung oder der Mobilität ergibt und u.a. in häufigen Mahlzeiten oder zusätzlicher Körperpflege bzw. Lagerungsmaßnahmen bestehen kann. Im ersten Lebensjahr liegt Pflegebedürftigkeit nur ausnahmsweise vor; die Feststellung bedarf einer besonderen Begründung.

4.3 Für die Beurteilung, ob die Voraussetzungen des § 36 Abs. 4 SGB XI vorliegen, gelten die Härtefallrichtlinien nach § 17 Abs. 1 Satz 3 SGB XI.

5. Verfahren zur Feststellung der Pflegebedürftigkeit

5.1 Die Leistungen bei Pflegebedürftigkeit sind bei der Pflegekasse zu beantragen. Die Entscheidung über das Vorliegen von Pflegebedürftigkeit und die Pflegestufe trifft die Pflegekasse unter maßgeblicher Berücksichtigung des Gutachtens des MDK. Die Feststellung, ob und ggf. in welchem Umfang Pflegebedürftigkeit vorliegt, ist in angemessenen Abständen zu überprüfen.

5.2 Die Pflegekasse veranlaßt eine Prüfung durch den MDK, ob die Voraussetzungen der Pflegebedürftigkeit erfüllt sind und welche Stufe der Pflegebedürftigkeit vorliegt. Dazu übergibt die Pflegekasse nach Prüfung der versicherungsrechtlichen Voraussetzungen dem MDK den Antrag und weitere für die Begutachtung erforderliche Unterlagen über Vorerkrankungen, Klinikaufenthalte, zur Hilfsmittelversorgung, zum behandelnden Arzt und zur häuslichen Krankenpflege nach § 37 SGB V.

5.3 Die Pflegekasse klärt über die Mitwirkungspflichten sowie die Folgen fehlender Mitwirkung auf und fordert den Antragsteller auf, dem MDK eine Einwilligung zur Einholung von Auskünften bei seinen behandelnden Ärzten und den ihn betreuenden Pflegepersonen zu erteilen.

5.4 Der MDK bezieht die behandelnden Ärzte des Versicherten, insbesondere die Hausärzte und die den Versicherten Pflegenden, in erforderlichem Umfang in die Vorbereitungen der Begutachtung ein, um Auskünfte und Unterlagen über die für die Begutachtung der Pflegebedürftigkeit wichtigen Vorerkrankungen sowie zu Art, Umfang und Dauer der Pflege (z. B. bei psychisch Kranken sowie geistig und seelisch Behinderten evtl. vorhandene längerfristige Aufzeichnungen über den Pflegeverlauf) einzuholen.

5.5 Die Begutachtungen sind durch geschulte und qualifizierte Gutachter durchzuführen. Sie erfolgen durch Ärzte, Pflegefachkräfte und andere Fachkräfte, die der Medizinische Dienst für die Bewältigung des laufenden Arbeitsanfalls vorhält. Der Medizinische Dienst kann zur Bewältigung von Antragsspitzen und zu speziellen gutachterlichen Fragestellungen Ärzte, Pflegefachkräfte oder andere Fachkräfte bei der Erstellung des Gutachtens als externe Kräfte beteiligen. Die Verantwortung für die Begutachtung trägt der Medizinische Dienst auch dann, wenn externe Sachverständige beteiligt waren.

Als externe Kräfte sind vorrangig Mitarbeiter anderer Gutachterdienste, insbesondere des öffentlichen Gesundheitswesens und der Versorgungsverwaltung oder anderer Sozialleistungsträger zu beauftragen. Sofern ausnahmsweise niedergelassene Ärzte oder Pflegefachkräfte von Sozialstationen, gewerblichen Pflegediensten sowie in der Pflege selbständig Tätige als externe Kräfte beauftragt werden, ist sicherzustellen, daß keine Interessenkollisionen entstehen.

In allen Phasen des gutachterlichen Verfahrens arbeiten die beteiligten Fachkräfte im Einzelfall eng zusammen. Dabei ist es Aufgabe des Arztes, alle für die Beurteilung erforderlichen medizinischen Feststellungen zu treffen, insbesondere

- den ursächlichen Zusammenhang des vorliegenden Hilfebedarfs mit Krankheit oder Behinderung zu prüfen, sowie
- geeignete therapeutische bzw. rehabilitative Maßnahmen aufzuzeigen.

Aufgabe der Pflegefachkraft ist es, alle für die Beurteilung der Pflege erforderlichen Feststellungen zu treffen, insbesondere
- ermittelt sie den konkreten Hilfebedarf auf der Grundlage der Verrichtungen des täglichen Lebens,
- beurteilt sie die Pflegesituation im häuslichen Kontext und entwirft den individuellen Pflegeplan.

Andere Fachkräfte haben entsprechend ihrer Aufgabenstellung die Feststellungen des Arztes und der Pflegefachkraft erforderlichenfalls zu ergänzen, insbesondere bei speziellen Fragestellungen
- im Rahmen der Beurteilung von Pflegehilfsmitteln,
- zu technischen Hilfen oder
- zu Maßnahmen zur Verbesserung des Wohnumfeldes.

5.6 Der Medizinische Dienst entscheidet im Einzelfall unter Berücksichtigung der ihm vorliegenden Unterlagen und des Schwerpunktes der Begutachtung (Nr. 5.5), welche Gutachter den Hausbesuch machen. In der Regel ist es ausreichend, daß der Hausbesuch von einem Mitarbeiter durchgeführt wird. Die bei dem Hausbesuch ermittelten Tatsachen sind soweit erforderlich von den an der Begutachtung beteiligten Mitarbeitern des Medizinischen Dienstes gemeinsam zu werten und im Gutachten einvernehmlich festzuhalten.

5.7 Der MDK prüft im Einzelfall im Rahmen eines angekündigten Hausbesuchs,
- ob und in welchem Umfang Maßnahmen zur Rehabilitation oder andere Maßnahmen zur Beseitigung, Minderung oder Verhütung einer Verschlimmerung der Pflegebedürftigkeit geeignet, notwendig und zumutbar sind,
- ob die Voraussetzungen der Pflegebedürftigkeit erfüllt sind und welche Stufe vorliegt.

Ist dies aufgrund eindeutiger Aktenlage festzustellen, kann eine Untersuchung im Wohnbereich des Pflegebedürftigen unterbleiben. Erforderliche andere Feststellungen (z. B. zur pflegerischen Versorgung, Versorgung mit Pflegehilfsmitteln oder zur Verbesserung des Wohnumfeldes) können dennoch einen Hausbesuch erfordern.

5.8 Das Ergebnis seiner Prüfung teilt der MDK der Pflegekasse in einem Gutachten mit, für das das als Anlage beigefügte Formular zu verwenden ist. In dem Gutachten ist differenziert zu folgenden Sachverhalten Stellung zu nehmen:

- Vorliegen der Voraussetzungen für Pflegebedürftigkeit und Beginn der Pflegebedürftigkeit,
- Pflegestufe,
- Prüfung, ob und inwieweit ein außergewöhnlich hoher Pflegeaufwand vorliegt (§ 36 Abs. 3 SGB XI; vgl. Härtefallrichtlinien nach § 17 Abs. 1 Satz 3 SGB XI),
- Umfang der Pflegetätigkeit (§ 44 SGB XI, § 166 Abs. 2 SGB VI).

5.9 Darüber hinaus hat der MDK in einem individuellen Pflegeplan

- Aussagen über die im Bereich der pflegerischen Leistungen und im Einzelfall erforderlichen Hilfen,
- Aussagen über notwendige Hilfsmittel und technische Hilfen (§ 40 SGB XI),
- Vorschläge für Maßnahmen zur Rehabilitation,
- Vorschläge für Maßnahmen zur Prävention,
- Prognosen über die weitere Entwicklung der Pflegebedürftigkeit,
- Aussagen über die sich im Einzelfall daraus ergebende Notwendigkeit und die Zeitabstände von Wiederholungsbegutachtungen

zu machen.

Beantragt der Pflegebedürftige Pflegegeld, hat sich die Stellungnahme auch darauf zu erstrecken, ob die häusliche Pflege in geeigneter Weise sichergestellt ist.

5.10 Die Pflegekasse teilt dem Versicherten ihre Entscheidung über das Vorliegen von Pflegebedürftigkeit und der Pflegestufe auf der Grundlage der Begutachtung des MDK schriftlich mit.

6. Widerspruchsverfahren

Wird im Rahmen eines Widerspruchsverfahrens nach Auffassung der Pflegekasse eine erneute Begutachtung erforderlich, erhält der MDK den Begutachtungsauftrag zusammen mit einer Kopie des Widerspruchsschreibens. Aufgrund dieser Unterlagen hat zunächst der Erstgutachter zu beurteilen, ob er aufgrund neuer Aspekte in seinem Gutachten zu einem anderen Ergebnis kommt. Revidiert der Erstgutachter seine Entscheidung nicht, ist das Zweitgutachten von einem anderen Gutachter zu erstellen. Die zweite Begutachtung hat ebenfalls in häuslicher Umgebung stattzufinden, es sei denn, daß in dem Erstgutachten die häusliche Umgebung ausreichend begutachtet wurde. Die Argumente zur Entscheidungsfindung müssen in dem (erneuten) Gutachten nachvollziehbar sein.
Das Ergebnis ist der Pflegekasse mitzuteilen.

7. Wiederholungsbegutachtung

7.1 Die Pflegekasse veranlaßt eine erneute Begutachtung in Anlehnung an die Empfehlung des MDK, es sei denn, der Pflegekasse wird eine wesentliche Veränderung der Ausgangssituation bekannt.
7.2 Beantragt der Pflegebedürftige eine Höherstufung bei bereits vorliegender Anerkennung der Pflegebedürftigkeit, entspricht das Verfahren dem bei einem Neuantrag.
7.3 Soweit die Pflegekasse, z. B. aufgrund des Pflegeeinsatzes nach § 37 Abs. 3 SGB XI, Hinweise erhält, daß die häusliche Pflege nicht mehr in geeigneter Weise sichergestellt ist, kommt eine erneute Begutachtung durch den MDK in Betracht.

Bonn-Bad Godesberg, Essen, Bergisch Gladbach, Hamburg, Kassel, Bochum, Siegburg, den 7. November 1994.

Allgemeine Versicherungsbedingungen für die private Pflegepflichtversicherung

Der Versicherungsschutz

§ 1 Gegenstand, Umfang und Geltungsbereich des Versicherungsschutzes

(1) Der Versicherer gewährt im Versicherungsfall in vertraglichem Umfang Ersatz von Aufwendungen für Pflege oder ein Pflegegeld sowie sonstige Leistungen. Aufwendungen für Unterkunft und Verpflegung einschließlich besonderer Komfortleistungen, für zusätzliche pflegerisch-betreuende Leistungen sowie für berechnungsfähige Investitions- und sonstige betriebsnotwendige Kosten sind nicht erstattungsfähig.

(2) Versicherungsfall ist die Pflegebedürftigkeit einer versicherten Person. Pflegebedürftig sind Personen, die wegen einer körperlichen, geistigen oder seelischen Krankheit oder Behinderung für die gewöhnlichen und regelmäßig wiederkehrenden Verrichtungen im Ablauf des täglichen Lebens auf Dauer, voraussichtlich für mindestens sechs Monate, nach Maßgabe des Absatzes 6 in erheblichem oder höherem Maße der Hilfe bedürfen.

(3) Die Hilfe im Sinne des Absatzes 2 Satz 2 besteht in der Unterstützung, in der teilweisen oder vollständigen Übernahme der Verrichtungen im Ablauf des täglichen Lebens oder in Beaufsichtigung oder Anleitung mit dem Ziel der eigenständigen Übernahme dieser Verrichtungen.

(4) Krankheiten oder Behinderungen im Sinne des Absatzes 2 Satz 2 sind
   a) Verluste, Lähmungen oder andere Funktionsstörungen am Stütz- und Bewegungsapparat,
   b) Funktionsstörungen der inneren Organe oder der Sinnesorgane,

c) Störungen des Zentralnervensystems wie Antriebs-, Gedächtnis- oder Orientierungsstörungen sowie endogene Psychosen, Neurosen oder geistige Behinderungen.

(5) Gewöhnliche und regelmäßig wiederkehrende Verrichtungen im Sinne des Absatzes 2 Satz 2 sind

a) im Bereich der Körperpflege das Waschen, Duschen, Baden, die Zahnpflege, das Kämmen, Rasieren, die Darm- oder Blasenentleerung,

b) im Bereich der Ernährung das mundgerechte Zubereiten oder die Aufnahme der Nahrung,

c) im Bereich der Mobilität das selbständige Aufstehen und Zu-Bett-Gehen, An- und Auskleiden, Gehen, Stehen, Treppensteigen oder das Verlassen und Wiederaufsuchen der Wohnung,

d) im Bereich der hauswirtschaftlichen Versorgung das Einkaufen, Kochen, Reinigen der Wohnung, Spülen, Wechseln und Waschen der Wäsche und Kleidung oder das Beheizen.

(6) Für die Gewährung von Leistungen sind versicherte Personen einer der folgenden drei Pflegestufen zuzuordnen:

a) Pflegebedürftige der Pflegestufe I (erheblich Pflegebedürftige) sind Personen, die bei der Körperpflege, der Ernährung oder der Mobilität für wenigstens zwei Verrichtungen aus einem oder mehreren Bereichen mindestens einmal täglich der Hilfe bedürfen und zusätzlich mehrfach in der Woche Hilfen bei der hauswirtschaftlichen Versorgung benötigen.

b) Pflegebedürftige der Pflegestufe II (Schwerpflegebedürftige) sind Personen, die bei der Körperpflege, der Ernährung oder der Mobilität mindestens dreimal täglich zu verschiedenen Tageszeiten der Hilfe bedürfen und zusätzlich mehrfach in der Woche Hilfen bei der hauswirtschaftlichen Versorgung benötigen.

c) Pflegebedürftige der Pflegestufe III (Schwerstpflegebedürftige) sind Personen, die bei der Körperpflege, der Ernährung oder der Mobilität täglich rund um die Uhr, auch nachts, der Hilfe bedürfen und zusätzlich mehrfach in der Woche Hilfen bei der hauswirtschaftlichen Versorgung benötigen.

(7) Bei Kindern ist für die Zuordnung zu einer Pflegestufe der zusätzliche Hilfebedarf gegenüber einem gesunden gleichaltrigen Kind maßgebend.

(8) Der Versicherungsfall beginnt mit der ärztlichen Feststellung der Pflegebedürftigkeit. Er endet, wenn Pflegebedürftigkeit nicht mehr besteht.

(9) Der Umfang des Versicherungsschutzes ergibt sich aus dem Versicherungsschein, ergänzenden schriftlichen Vereinbarungen, den Allgemeinen Versicherungsbedingungen sowie den gesetzlichen Vorschriften, insbesondere dem Sozialgesetzbuch (SGB) – Elftes Buch (XI) – Soziale Pflegeversicherung. Wenn und soweit sich die gesetzlichen Bestimmungen ändern, werden die im SGB XI gleichwertigen Teile der AVB gemäß § 18 geändert.

(10) Entfällt bei versicherten Personen der Tarifstufe PVB der Beihilfeanspruch, werden sie nach Tarifstufe PVN weiterversichert. Stellt der Versicherungsnehmer innerhalb von zwei Monaten seit dem Wegfall des Beihilfeanspruchs einen entsprechenden Antrag, erfolgt die Erhöhung des Versicherungsschutzes ohne Risikoprüfung und Wartezeiten zum Ersten des Monats, in dem der Beihilfeanspruch entfallen ist.
Werden versicherte Personen der Tarifstufe PVN beihilfeberechtigt, wird die Versicherung nach Tarifstufe PVB weitergeführt. Der Versicherungsnehmer und die versicherte Person sind verpflichtet, dem Versicherer unverzüglich den Erwerb eines Beihilfeanspruchs anzuzeigen.

(11) Das Versicherungsverhältnis unterliegt deutschem Recht.

(12) Der Versicherungsschutz erstreckt sich auf Pflege in der Bundesrepublik Deutschland.

§ 2 Beginn des Versicherungsschutzes

(1) Der Versicherungsschutz beginnt mit dem im Versicherungsschein bezeichneten Zeitpunkt (technischer Versicherungsbeginn), jedoch nicht vor Abschluß des Versicherungsvertrages, nicht vor Zahlung des ersten Beitrags und nicht vor Ablauf der Wartezeit.

(2) Bei Neugeborenen beginnt der Versicherungsschutz ohne Wartezeit unmittelbar nach der Geburt, wenn am Tage der Geburt für ein Elternteil die Wartezeit gemäß § 3 erfüllt ist. Die Anmeldung zur Versicherung soll spätestens zwei Monate nach dem Tage der Geburt rückwirkend zum Ersten des Geburtsmonats erfolgen.

(3) Der Geburt eines Kindes steht die Adoption gleich, sofern das Kind im Zeitpunkt der Adoption noch minderjährig ist. Mit Rücksicht auf ein erhöhtes Risiko ist, sofern nicht Beitragsfreiheit gemäß § 8 Absätze 2 bis 4 besteht sowie vorbehaltlich der Höchstbeitragsgarantie des § 8 Absatz 5, die Vereinbarung eines Risikozuschlages bis zur einfachen Beitragshöhe zulässig.

§ 3 Wartezeit

(1) Die Wartezeit rechnet vom technischen Versicherungsbeginn (§ 2 Absatz 1) an.

(2) Sie beträgt bei erstmaliger Stellung eines Leistungsantrages
   a) in der Zeit vom 1. Januar bis 31. Dezember 1996 ein Jahr,
   b) in der Zeit vom 1. Januar bis 31. Dezember 1997 zwei Jahre,
   c) in der Zeit vom 1. Januar bis 31. Dezember 1998 drei Jahre,

d) in der Zeit vom 1. Januar bis 31. Dezember 1999 vier Jahre,
e) in der Zeit ab dem 1. Januar 2000 fünf Jahre, wobei das Versicherungsverhältnis innerhalb der letzten 10 Jahre vor Stellung des Leistungsantrages mindestens fünf Jahre bestanden haben muß.

(3) Für versicherte Kinder gilt die Wartezeit als erfüllt, wenn ein Elternteil sie erfüllt.

(4) Personen, die aus der sozialen Pflegeversicherung ausscheiden oder von einer privaten Pflegepflichtversicherung zu einer anderen wechseln, wird die nachweislich dort ununterbrochen zurückgelegte Versicherungszeit auf die Wartezeit angerechnet.

§ 4 Umfang der Leistungspflicht

A. Leistungen bei häuslicher Pflege

(1) Versicherte Personen, die in ihrem Haushalt oder einem anderen Haushalt, in den sie aufgenommen sind, gepflegt werden, erhalten Ersatz von Aufwendungen für Grundpflege und hauswirtschaftliche Versorgung (häusliche Pflegehilfe) gemäß Nr. 1 des Tarifs PV. Grundpflege und hauswirtschaftliche Versorgung umfassen Hilfeleistungen bei den in § 1 Absatz 5 genannten Verrichtungen. Die häusliche Pflegehilfe muß durch geeignete Pflegekräfte erbracht werden, die entweder von einer Pflegekasse der sozialen Pflegeversicherung oder bei ambulanten Pflegeeinrichtungen, mit denen die Pflegekasse einen Versorgungsvertrag abgeschlossen hat, angestellt sind, oder mit denen die Pflegekasse einen Vertrag nach § 77 Abs. 1 SGB XI (siehe Anhang) abgeschlossen hat oder die von Trägern der privaten Pflegepflichtversicherung anerkannt worden sind.

(2) Anstelle von Aufwendungsersatz für häusliche Pflegehilfe gemäß Absatz 1 können versicherte Personen ein

Pflegegeld gemäß Nr. 2 des Tarifs PV beantragen. Der Anspruch setzt voraus, daß die versicherte Person mit dem Pflegegeld dessen Umfang entsprechend die erforderliche Grundpflege und hauswirtschaftliche Versorgung durch eine Pflegeperson (Familienangehörige, Freunde, Nachbarn und sonstige ehrenamtliche Helfer) in geeigneter Weise selbst sicherstellt.

(3) Bestehen die Voraussetzungen für die Zahlung des Pflegegeldes nach Absatz 2 nicht für den vollen Kalendermonat, wird der Geldbetrag entsprechend gekürzt; dabei wird der Kalendermonat mit 30 Tagen angesetzt.

(4) Versicherte Personen, die Pflegegeld nach Absatz 2 beziehen, sind verpflichtet,

a) bei Pflegestufe I und II mindestens einmal halbjährlich,

b) bei Pflegestufe III mindestens einmal vierteljährlich

einen Pflegeeinsatz durch eine Pflegeeinrichtung in Anspruch zu nehmen, mit der ein Versorgungsvertrag nach dem SGB XI besteht oder die von Trägern der privaten Pflegepflichtversicherung anerkannt worden sind. Die Aufwendungen für diesen Pflegeeinsatz werden auf Nachweis unter Anrechnung auf das Pflegegeld erstattet.

(5) Nimmt die versicherte Person Aufwendungsersatz nach Absatz 1 nur teilweise in Anspruch, erhält sie unter den in Absatz 2 genannten Voraussetzungen daneben ein anteiliges Pflegegeld. Das Pflegegeld wird um den Vomhundertsatz vermindert, in dem die versicherte Person Aufwendungsersatz in Anspruch genommen hat. An die Entscheidung, in welchem Verhältnis sie Pflegegeld und Aufwendungsersatz in Anspruch nehmen will, ist die versicherte Person für die Dauer von sechs Monaten gebunden.

(6) Ist eine Pflegeperson im Sinne von Absatz 2 Satz 2 wegen Erholungsurlaubs, Krankheit oder aus anderen Gründen an der Pflege gehindert, werden Aufwendun-

gen für eine Ersatzpflegekraft im Sinne von Absatz 1 Satz 3 für längstens vier Wochen je Kalenderjahr gemäß Nr. 3 des Tarifs PV erstattet. Voraussetzung ist, daß die Pflegeperson die versicherte Person vor der erstmaligen Verhinderung mindestens 12 Monate in ihrer häuslichen Umgebung gepflegt hat.

B. Pflegehilfsmittel und technische Hilfen

(7) Versicherte Personen haben gemäß Nr. 4 des Tarifs PV Anspruch auf Ersatz von Aufwendungen für Pflegehilfsmittel und technische Hilfen oder deren leihweise Überlassung, wenn und soweit die Pflegehilfsmittel und technischen Hilfen zur Erleichterung der Pflege oder zur Linderung der Beschwerden der versicherten Person beitragen oder ihr eine selbständigere Lebensführung ermöglichen und die Versorgung notwendig ist.
Der Anspruch umfaßt auch den Ersatz von Aufwendungen für die notwendige Änderung, Instandsetzung und Ersatzbeschaffung von Hilfsmitteln sowie die Ausbildung in ihrem Gebrauch.
Die Auszahlung der Versicherungsleistungen für Pflegehilfsmittel und technische Hilfen oder deren leihweise Überlassung kann von dem Versicherer davon abhängig gemacht werden, daß die versicherte Person sich das Pflegehilfsmittel oder die technischen Hilfen anpassen oder sich selbst oder die Pflegeperson in deren Gebrauch ausbilden läßt.
Für Maßnahmen zur Verbesserung des individuellen Wohnumfeldes der versicherten Person, beispielsweise für technische Hilfen im Haushalt, können gemäß Nr. 4.3 des Tarifs PV subsidiär finanzielle Zuschüsse gezahlt werden, wenn dadurch im Einzelfall die häusliche Pflege ermöglicht oder erheblich erleichtert oder eine möglichst selbständige Lebensführung der versicherten Person wiederhergestellt wird.

C. Teilstationäre Pflege

(8) Versicherte Personen haben gemäß § 5 des Tarifs PV Anspruch auf Ersatz von Aufwendungen für allgemeine Pflegeleistungen bei teilstationärer Pflege in Einrichtungen der Tages- oder Nachtpflege, wenn häusliche Pflege nicht in ausreichendem Umfang sichergestellt werden kann. Allgemeine Pflegeleistungen sind die pflegebedingten Aufwendungen für alle für die Versorgung der Pflegebedürftigen nach Art und Schwere der Pflegebedürftigkeit erforderlichen Pflegeleistungen der Pflegeeinrichtung. Der Anspruch setzt voraus, daß stationäre Pflegeeinrichtungen (Pflegeheime) in Anspruch genommen werden. Das sind selbständig wirtschaftende Einrichtungen, in denen Pflegebedürftige unter ständiger Verantwortung einer ausgebildeten Pflegefachkraft gepflegt werden und ganztägig (vollstationär) oder nur tagsüber oder nur nachts (teilstationär) untergebracht und verpflegt werden können. Aufwendungen für Unterkunft und Verpflegung einschließlich besonderer Komfortleistungen, für zusätzliche pflegerisch-betreuende Leistungen sowie für betriebsnotwendige Investitions- und sonstige Kosten gemäß § 82 Absatz 2 SGB XI (siehe Anhang) sind nicht erstattungsfähig.

(9) Versicherte Personen, erhalten unter den in Absatz 2 genannten Voraussetzungen zusätzlich zu den Leistungen nach Absatz 8 ein anteiliges Pflegegeld, wenn der im Tarif PV nach den Tarifstufen PVN und PVB für die jeweilige Pflegestufe vorgesehene monatliche Höchstbetrag der Aufwendungen für teilstationäre Pflege nicht voll ausgeschöpft wird. Das Pflegegeld wird um den Vomhundertsatz vermindert, in dem die versicherte Person Aufwendungsersatz in Anspruch genommen hat.

(10) Statt Pflegegeld kann neben den Leistungen nach Absatz 8 Aufwendungsersatz nach Absatz 1 für häusliche Pflegehilfe durch geeignete Pflegekräfte im Sinne von Absatz 1 Satz 3 in Anspruch genommen werden. Die Leistungen nach den Absätzen 1 und 8 dürfen jedoch insgesamt je Kalendermonat den in Nr. 1 des Tarifs PV nach den Tarifstufen PVN und PVB für die jeweilige Pflegestufe vorgesehenen Höchstbetrag nicht übersteigen.

D. Kurzzeitpflege

(11) Kann häusliche Pflege zeitweise nicht, noch nicht oder nicht im erforderlichen Umfang erbracht werden und reicht auch teilstationäre Pflege nicht aus, besteht gemäß Nr. 6 des Tarifs PV Anspruch auf Ersatz von Aufwendungen für allgemeine Pflegeleistungen in einer vollstationären Einrichtung. Absatz 8 Sätze 2 bis 5 gelten entsprechend. Die Leistungen werden
a) für eine Übergangszeit im Anschluß an eine stationäre Behandlung der versicherten Person oder
b) in sonstigen Krisensituationen, in denen vorübergehend häusliche oder teilstationäre Pflege nicht möglich oder nicht ausreichend ist,

erbracht.
Der Anspruch auf Kurzzeitpflege ist auf vier Wochen pro Kalenderjahr beschränkt. Im Falle des Satzes 2 b) besteht der Anspruch nur dann, wenn die Pflegeperson die versicherte Person vorher mindestens 12 Monate in ihrer häuslichen Umgebung gepflegt hat.

E. Vollstationäre Pflege

(12) Versicherte Personen haben gemäß Nr. 7 des Tarifs PV Anspruch auf Ersatz von Aufwendungen für allgemeine Pflegeleistungen in vollstationären Einrichtungen, wenn häusliche oder teilstationäre Pflege nicht

möglich ist oder wegen der Besonderheit des einzelnen Falles nicht in Betracht kommt. Absatz 8 Sätze 2 bis 5 gelten entsprechend.

(13) Wählen versicherte Personen vollstationäre Pflege, obwohl diese nicht erforderlich ist, erhalten sie zu den pflegebedingten Aufwendungen einen Zuschuß bis zur Höhe des im Tarif PV nach den Tarifstufen PVN und PVB für häusliche Pflegehilfe in der jeweiligen Pflegestufe vorgesehenen Höchstbetrages.

F. Leistungen zur sozialen Sicherung der Pflegepersonen

(14) Für Pflegepersonen gemäß Absatz 2 Satz 2, die regelmäßig nicht mehr als 30 Stunden wöchentlich erwerbstätig sind und die versicherte Person ehrenamtlich wenigstens 14 Stunden wöchentlich in ihrer häuslichen Umgebung pflegen, zahlt der Versicherer Beiträge an den zuständigen Träger der gesetzlichen Rentenversicherung gemäß Nr. 8 des Tarifs PV. Üben mehrere Pflegepersonen die Pflege gemeinsam aus, richtet sich die Höhe des vom Versicherer zu entrichtenden Beitrags nach dem Verhältnis des Umfanges der jeweiligen Pflegetätigkeit der Pflegeperson zum Umfang der Pflegetätigkeit insgesamt.

Ferner meldet der Versicherer die Pflegepersonen zwecks Einbeziehung in den Versicherungsschutz der gesetzlichen Unfallversicherung an den zuständigen Unfallversicherungsträger.

G. Pflegekurse für Angehörige und ehrenamtliche Pflegepersonen

(15) Angehörige und sonstige an einer ehrenamtlichen Pflegetätigkeit interessierte Personen können Schulungskurse besuchen. Diese sollen Fertigkeiten für eine eigenständige Durchführung der Pflege vermitteln. Die

Schulung kann auch in der häuslichen Umgebung der pflegebedürftigen Person stattfinden. Der Umfang der Leistungen des Versicherers ergibt sich aus Nr. 9 des Tarifs PV.

§ 5 Einschränkung der Leistungspflicht

(1) Keine Leistungspflicht besteht:

a) solange sich versicherte Personen im Ausland aufhalten, und zwar auch dann, wenn sie dort während eines vorübergehenden Aufenthaltes pflegebedürftig werden;

b) soweit versicherte Personen Entschädigungsleistungen wegen Pflegebedürftigkeit unmittelbar nach § 35 des Bundesversorgungsgesetzes oder nach den Gesetzen, die eine entsprechende Anwendung des Bundesversorgungsgesetzes vorsehen, aus der gesetzlichen Unfallversicherung oder aus öffentlichen Kassen aufgrund gesetzlich geregelter Unfallversorgung der Unfallfürsorge erhalten. Dies gilt auch, wenn vergleichbare Leistungen aus dem Ausland oder von einer zwischenstaatlichen oder überstaatlichen Einrichtung bezogen werden;

c) soweit ein Versicherter der gesetzlichen Krankenversicherung aufgrund eines Anspruchs auf häusliche Krankenpflege auch Anspruch auf Grundpflege und hauswirtschaftliche Versorgung hat. Leistungen zur sozialen Sicherung von Pflegepersonen werden jedoch im tariflichen Umfang erbracht;

d) während der Durchführung einer vollstationären Heilbehandlung im Krankenhaus sowie von stationären Rehabilitationsmaßnahmen, Kur- oder Sanatoriumsbehandlungen und während der Unterbringung aufgrund richterlicher Anordnung, es sei denn, daß diese ausschließlich auf Pflegebedürftigkeit beruht;

e) für Aufwendungen aus Pflege durch Pflegekräfte oder Einrichtungen, deren Rechnungen der Versicherer aus wichtigem Grunde von der Erstattung ausgeschlossen hat, wenn diese Aufwendungen nach der Benachrichtigung des Versicherungsnehmers über den Leistungsausschluß entstehen. Sofern im Zeitpunkt der Benachrichtigung ein Versicherungsfall schwebt, besteht keine Leistungspflicht für die nach Ablauf von drei Monaten seit der Benachrichtigung entstandenen Aufwendungen. Findet der Pflegebedürftige innerhalb dieser drei Monate keine andere geeignete Pflegekraft, benennt der Versicherer eine solche;

f) für Aufwendungen für Pflegehilfsmittel und technische Hilfen oder deren leihweise Überlassung, soweit die Krankenversicherung oder andere zuständige Leistungsträger wegen Krankheit oder Behinderung für diese Hilfsmittel zu leisten haben.

(2) Übersteigt eine Pflegemaßnahme das notwendige Maß oder ist die geforderte Vergütung nicht angemessen, so kann der Versicherer seine Leistungen auf einen angemessenen Betrag herabsetzen.

§ 6 Auszahlung der Versicherungsleistung

(1) Der Versicherungsnehmer erhält die Leistungen auf Antrag. Die Leistungen werden ab Antragstellung erbracht, frühestens jedoch von dem Zeitpunkt an, in dem die Anspruchsvoraussetzungen vorliegen. Wird der Antrag nach Ablauf des Monats gestellt, in dem die Pflegebedürftigkeit eingetreten ist, werden die Leistungen vom Beginn des Monats der Antragstellung an erbracht. In allen Fällen ist Voraussetzung, daß eine vorgesehene Wartezeit (vgl. § 3) erfüllt ist.

(2) Eintritt, Stufe und Fortdauer der Pflegebedürftigkeit, die Eignung, Notwendigkeit und Zumutbarkeit von

Maßnahmen zur Beseitigung, Minderung oder Verhütung einer Verschlimmerung der Pflegebedürftigkeit und die Notwendigkeit der Versorgung mit beantragten Pflegehilfsmitteln und technischen Hilfen sind durch einen von dem Versicherer beauftragten Arzt festzustellen. Die Feststellung wird in angemessenen Abständen wiederholt. Mit der Durchführung der Untersuchungen kann der medizinische Dienst der privaten Pflegepflichtversicherung beauftragt werden. Die Untersuchung erfolgt grundsätzlich im Wohnbereich der versicherten Person. Auf Verlangen des Versicherers ist die versicherte Person verpflichtet, sich auch außerhalb ihres Wohnbereichs durch einen vom Versicherer beauftragten Arzt untersuchen zu lassen, wenn die gemäß Satz 1 erforderlichen Feststellungen im Wohnbereich nicht möglich sind. Erteilt die versicherte Person zu den Untersuchungen nicht ihr Einverständnis, kann der Versicherer die beantragten Leistungen verweigern oder die Leistungsgewährung einstellen. Die Untersuchung im Wohnbereich kann ausnahmsweise unterbleiben, wenn aufgrund einer eindeutigen Aktenlage das Ergebnis der medizinischen Untersuchung bereits feststeht.
Die Kosten der genannten Untersuchungen trägt der Versicherer, es sei denn, es wird innerhalb eines Zeitraumes von sechs Monaten erneut der Eintritt eines Versicherungsfalles behauptet, ohne daß der Versicherer seine Leistungspflicht anerkennt.

(3) Der Versicherer ist zur Leistung nur verpflichtet, wenn die erforderlichen Nachweise erbracht sind; diese werden Eigentum des Versicherers.

(4) Der Versicherer ist berechtigt, an den Überbringer oder Übersender von ordnungsmäßigen Nachweisen zu leisten, es sei denn, er hat begründete Zweifel an der Legitimation des Überbringers oder Übersenders.

(5) Von den Leistungen können die Kosten abgezogen werden, die dadurch entstehen, daß der Versicherer auf

Verlangen des Versicherungsnehmers besondere Überweisungsformen wählt.

(6) Ansprüche auf Versicherungsleistungen können weder abgetreten noch verpfändet werden.

§ 7 Ende des Versicherungsschutzes

Der Versicherungsschutz endet – auch für schwebende Versicherungsfälle – mit der Beendigung des Versicherungsverhältnisses.

Pflichten des Versicherungsnehmers

§ 8 Beitragszahlung

(1) Vorbehaltlich der Absätze 2 und 3 ist für jede versicherte Person ein Beitrag zu zahlen. Der Beitrag ist ein Monatsbeitrag und am Ersten eines jeden Monats fällig. Der Beitrag ist an die vom Versicherer bezeichnete Stelle zu entrichten.

(2) Kinder einer in der privaten Pflegepflichtversicherung versicherten Person sind beitragsfrei versichert, wenn sie

a) nicht nach § 20 Absatz 1 Nr. 1 bis 8 oder 11 oder § 20 Absatz 3 SGB XI (siehe Anhang) versicherungspflichtig sind,

b) nicht nach § 22 SGB XI (siehe Anhang) von der Versicherungspflicht befreit sind,

c) keinen Anspruch auf Familienversicherung in der sozialen Pflegeversicherung nach § 25 SGB XI (siehe Anhang) haben,

d) nicht hauptberuflich selbständig erwerbstätig sind und

e) kein Gesamteinkommen haben, das regelmäßig im Monat ein Siebtel der monatlichen Bezugsgröße nach § 18 Sozialgesetzbuch (SGB) – Viertes Buch (IV) – (siehe Anhang) überschreitet; bei Renten wird der Zahlbetrag berücksichtigt; das Einkommen eines Kindes aus einem landwirtschaftlichen Unternehmen, in dem es Mitunternehmer ist, ohne als landwirtschaftlicher Unternehmer im Sinne des Zweiten Gesetzes über die Krankenversicherung der Landwirte zu gelten, bleibt außer Betracht.

(3) Unter den Voraussetzungen des Absatzes 2 besteht Anspruch auf Beitragsfreiheit bei Kindern

a) bis zur Vollendung des 18. Lebensjahres,

b) bis zur Vollendung des 23. Lebensjahres, wenn sie nicht erwerbstätig sind,

c) bis zur Vollendung des 25. Lebensjahres, wenn sie sich in Schul- oder Berufsausbildung befinden oder ein freiwilliges soziales Jahr im Sinne des Gesetzes zur Förderung eines freiwilligen sozialen Jahres oder ein freiwilliges ökologisches Jahr im Sinne des Gesetzes zur Förderung eines freiwilligen ökologischen Jahres leisten; wird die Schul- oder Berufsausbildung durch Erfüllung einer gesetzlichen Dienstpflicht des Kindes unterbrochen oder verzögert, besteht die Beitragsfreiheit auch für einen der Dauer dieses Dienstes entsprechenden Zeitraum über das 25. Lebensjahr hinaus,

d) ohne Altersgrenze, wenn sie wegen körperlicher, geistiger oder seelischer Behinderung außerstande sind, sich selbst zu unterhalten; Voraussetzung ist, daß die Behinderung zu einem Zeitpunkt vorlag, in dem das Kind nach Buchstaben a), b) oder c) versichert war.

Als Kinder im Sinne der Allgemeinen Versicherungsbedingungen gelten auch Stiefkinder und Enkel, die die versicherte Person überwiegend unterhält, sowie Personen, die mit der versicherten Person durch ein auf längere Dauer angelegtes Pflegeverhältnis mit häuslicher Gemeinschaft wie Kinder mit Eltern verbunden sind (Pflegekinder). Kinder, die mit dem Ziel der Annahme als Kind in die Obhut des Annehmenden

aufgenommen sind und für die die zur Annahme erforderliche Einwilligung der Eltern erteilt ist, gelten als Kinder des Annehmenden und nicht als Kinder der leiblichen Eltern.
Die Beitragsfreiheit nach Buchstaben a), b) und c) bleibt bei Personen, die aufgrund gesetzlicher Pflicht Wehrdienst oder Zivildienst leisten, für die Dauer des Dienstes bestehen.

(4) Die Beitragsfreiheit nach den Absätzen 2 und 3 besteht auch dann, wenn die Eltern und das Kind bei unterschiedlichen privaten Versicherern versichert sind. Die Beitragsfreiheit für Kinder endet zum Ersten des Monats, in dem sie eine Erwerbstätigkeit aufnehmen.

(5) Für versicherte Personen, die über eine ununterbrochene Vorversicherungszeit von mindestens fünf Jahren in der privaten Pflegepflichtversicherung oder in der privaten Krankenversicherung mit Anspruch auf allgemeine Krankenhausleistungen verfügen, wird der zu zahlende Beitrag auf den jeweiligen Höchstbeitrag der sozialen Pflegeversicherung begrenzt; dieser bemißt sich nach dem durch Gesetz festgesetzten bundeseinheitlichen Beitragssatz und der Beitragsbemessungsgrenze gemäß § 55 Absätze 1 und 2 SGB XI (siehe Anhang). Für Personen, die nach beamtenrechtlichen Vorschriften oder Grundsätzen bei Pflegebedürftigkeit Anspruch auf Beihilfe oder auf freie Heilfürsorge haben, wird der Beitrag unter den Voraussetzungen des Satzes 1 auf 50 v. H. des Höchstbeitrages der sozialen Pflegeversicherung begrenzt.

(6) Der erste Beitrag ist unverzüglich nach Aushändigung des Versicherungsscheines, bei einem in der Zukunft liegenden Versicherungsbeginn spätestens zu dem im Versicherungsschein genannten Versicherungsbeginn, zu zahlen.

(7) Wird ein Beitrag nicht oder nicht rechtzeitig gezahlt, ist der Versicherungsnehmer zum Ausgleich der Kosten

verpflichtet, die dem Versicherer im Rahmen der Beitreibung entstehen.

(8) Gerät der Versicherungsnehmer bei der privaten Pflegepflichtversicherung mit sechs oder mehr Monatsbeiträgen in Verzug, kann von der zuständigen Verwaltungsbehörde ein Bußgeld bis zu 5000 DM verhängt werden. Gerät der Versicherungsnehmer bei einer aufgrund besonderer Vereinbarung gemäß § 15 Absatz 5 abgeschlossenen Auslandsversicherung in Verzug, kann der Versicherer das Versicherungsverhältnis unter den Voraussetzungen des § 39 VVG (siehe Anhang) kündigen.

(9) Der Beitrag ist bis zum Ablauf des Tages zu zahlen, an dem das Versicherungsverhältnis endet.

§ 8a Beitragsberechnung

(1) Die Berechnung der Beiträge erfolgt nach Maßgabe des § 110 SGB XI (siehe Anhang) und ist in den technischen Berechnungsgrundlagen des Versicherers festgelegt.

(2) Der erste Beitrag wird bei Abschluß des Versicherungsvertrages nach dem Eintrittsalter und dem Gesundheitszustand der versicherten Person festgesetzt. Als Eintrittsalter gilt der Unterschied zwischen dem Jahr der Geburt und dem Jahr des Versicherungsbeginns.

(3) Bei einer Änderung der Beiträge, auch durch Änderung des Versicherungsschutzes, wird das bei Inkrafttreten der Änderung erreichte tarifliche Lebensalter der versicherten Person berücksichtigt. Dabei wird dem Eintrittsalter der versicherten Person dadurch Rechnung getragen, daß eine Alterungsrückstellung gemäß den in den technischen Berechnungsgrundlagen festgelegten Grundsätzen angerechnet wird.

Eine Erhöhung der Beiträge oder eine Minderung der Leistungen des Versicherers wegen des Älterwerdens der versicherten Person ist jedoch während der Dauer des Versicherungsverhältnisses ausgeschlossen, soweit eine Alterungsrückstellung zu bilden ist.

(4) Bei Beitragsänderungen kann der Versicherer auch besonders vereinbarte Beitragszuschläge entsprechend dem erforderlichen Beitrag ändern.

§ 8b Beitragsanpassung

(1) Im Rahmen der vertraglichen Leistungszusage können sich die Leistungen des Versicherers z. B. aufgrund von Veränderungen der Pflegekosten, der Pflegedauern oder der Häufigkeit von Pflegefällen ändern. Dementsprechend werden anhand einer Gemeinschaftsstatistik der privaten Pflegepflichtversicherer jährlich die erforderlichen mit den in den technischen Berechnungsgrundlagen kalkulierten Versicherungsleistungen verglichen. Ergibt diese Gegenüberstellung eine Veränderung von mehr als 5 v. H., so werden die Beiträge überprüft und, soweit erforderlich, sowie vorbehaltlich der Höchstbeitragsgarantie gemäß § 8 Absatz 5, mit Zustimmung eines unabhängigen Treuhänders angepaßt.

(2) Von einer Beitragsanpassung kann abgesehen werden, wenn nach übereinstimmender Beurteilung durch den Versicherer und den Treuhänder die Veränderung der Versicherungsleistungen als vorübergehend anzusehen ist.

(3) Sind die monatlichen Beiträge infolge der Höchstbeitragsgarantie gegenüber den nach den technischen Berechnungsgrundlagen notwendigen Beiträgen gekürzt, so können diese Beiträge abweichend von Absatz 1 bei einer Veränderung der Beitragsbemessungsgrenzen oder des Beitragssatzes in der sozialen Pflegeversicherung an den daraus sich ergebenden geänderten Höchstbeitrag angepaßt werden.

(4) Anpassungen nach den Absätzen 1 und 3 werden zu Beginn des zweiten Monats wirksam, der auf die

Benachrichtigung der Versicherungsnehmer folgt, sofern nicht mit Zustimmung des Treuhänders ein anderer Zeitpunkt bestimmt wird.

§ 9 Obliegenheiten

(1) Eintritt, Wegfall und jede Minderung der Pflegebedürftigkeit sind dem Versicherer unverzüglich schriftlich anzuzeigen. Anzuzeigen sind auch Änderungen in der Person und im Umfang der Pflegetätigkeit einer Pflegeperson im Sinne von § 4 Absatz 2 Satz 2, für die der Versicherer Leistungen zur sozialen Sicherung gemäß § 4 Absatz 14 erbringt.

(2) Nach Eintritt des Versicherungsfalles gemäß § 1 Absatz 2 sind ferner anzuzeigen jede Krankenhausbehandlung, stationäre medizinische Rehabilitationsmaßnahme, Kur- oder Sanatoriumsbehandlung, jede Unterbringung aufgrund richterlicher Anordnung, das Bestehen eines Anspruchs auf häusliche Krankenpflege (Grund- und Behandlungspflege sowie hauswirtschaftliche Versorgung) aus der gesetzlichen Krankenversicherung nach § 37 SGB V (siehe Anhang) sowie der Bezug von Leistungen gemäß § 5 Absatz 1 b).

(3) Der Versicherungsnehmer und die versicherten Personen haben auf Verlangen des Versicherers jede Auskunft zu erteilen, die zur Feststellung des Versicherungsfalles, der Leistungspflicht des Versicherers und ihres Umfanges sowie für die Beitragseinstufung der versicherten Personen erforderlich ist. Die Auskünfte sind auch einem Beauftragten des Versicherers zu erteilen.

(4) Der Versicherungsnehmer hat die Aufnahme einer Erwerbstätigkeit durch beitragsfrei mitversicherte Kinder unverzüglich schriftlich anzuzeigen.

(5) Der Abschluß einer weiteren privaten Pflegepflichtversicherung bei einem anderen Versicherer ist nicht zuläs-

sig. Tritt für eine versicherte Person Versicherungspflicht in der sozialen Pflegeversicherung ein, ist der Versicherer unverzüglich schriftlich zu unterrichten.

§ 10 Folgen von Obliegenheitsverletzungen

(1) Der Versicherer ist mit der in § 6 Absatz 3 VVG (siehe Anhang) vorgeschriebenen Einschränkung von der Verpflichtung zur Leistung frei, wenn und solange eine der in § 9 Absatz 1 bis 5 genannten Obliegenheiten verletzt ist.

(2) Die Kenntnis und das Verschulden der versicherten Person stehen der Kenntnis und dem Verschulden des Versicherungsnehmers gleich.

(3) Entstehen dem Versicherer durch eine Verletzung der Pflichten nach § 9 Absätze 3 und 4 zusätzliche Aufwendungen, kann er vom Versicherungsnehmer oder der versicherten Person dafür Ersatz verlangen.

§ 11 Ansprüche gegen Dritte

Hat der Versicherungsnehmer oder eine versicherte Person Schadensersatzansprüche nichtversicherungsrechtlicher Art gegen Dritte, so besteht, unbeschadet des gesetzlichen Forderungsüberganges gemäß § 67 VVG (siehe Anhang), die Verpflichtung, diese Ansprüche bis zur Höhe, in der aus dem Versicherungsvertrag geleistet wird, an den Versicherer schriftlich abzutreten. Gibt der Versicherungsnehmer oder eine versicherte Person einen solchen Anspruch oder ein zur Sicherung des Anspruches dienendes Recht ohne Zustimmung des Versicherers auf, so wird dieser insoweit von der Verpflichtung zur Leistung frei, als er aus dem Anspruch oder dem Recht hätte Ersatz verlangen können.

§ 12 Aufrechnung

Der Versicherungsnehmer kann gegen Forderungen des Versicherers nur aufrechnen, soweit die Gegenforderung unbestritten oder rechtskräftig festgestellt ist. Gegen eine Forderung aus der Beitragspflicht kann jedoch ein Mitglied eines Versicherungsvereins nicht aufrechnen.

Ende der Versicherung

§ 13 Kündigung durch den Versicherungsnehmer

(1) Wird eine versicherte Person nach § 20 oder 21 SGB XI (siehe Anhang) versicherungspflichtig in der sozialen Pflegeversicherung, so kann der Versicherungsnehmer die private Pflegepflichtversicherung dieser Person binnen zwei Monaten seit Eintritt der Versicherungspflicht rückwirkend zu deren Beginn kündigen. Macht der Versicherungsnehmer von seinem Kündigungsrecht Gebrauch, steht dem Versicherer der Beitrag nur bis zu diesem Zeitpunkt zu. Später kann der Versicherungsnehmer die private Pflegepflichtversicherung der betroffenen Person nur zum Ende des Monats kündigen, in dem er den Eintritt der Versicherungspflicht nachweist. Der Versicherungspflicht steht der gesetzliche Anspruch auf Familienversicherung gleich.

(2) Endet die für eine versicherte Person bestehende private Krankenversicherung mit Anspruch auf Kostenerstattung für allgemeine Krankenhausleistungen, so kann der Versicherungsnehmer die private Pflegepflichtversicherung dieser Person zum Ende eines jeden Versicherungsjahres mit einer Frist von drei Monaten kündigen. Ein Kündigungsrecht besteht insoweit ferner auch unter den Voraussetzungen des § 178h Absätze 3 und 4 VVG (siehe Anhang). Weist der Versicherungsnehmer für diese versicherte Person nicht innerhalb von sechs Monaten den Abschluß einer privaten Pflegepflichtversicherung bei einem anderen Versicherungsunternehmen nach, erstattet der Versicherer insoweit Meldung an das Bundesversicherungsamt.

(3) Ein wegen Auslandsaufenthalt auf einer besonderen Vereinbarung gemäß § 15 Absatz 3 beruhendes Versicherungsverhältnis kann der Versicherungsnehmer zum Ende eines jeden Versicherungsjahres, frühestens aber zum Ablauf einer vereinbarten Vertragsdauer, mit einer Frist von drei Monaten kündigen. Der Versicherungsnehmer kann ein Versicherungsverhältnis gemäß Satz 1 ferner auch unter den Voraussetzungen des § 178 h Absätze 3 und 4 VVG (siehe Anhang) kündigen. Die Kündigung kann auf einzelne versicherte Personen beschränkt werden.

(4) Das erste Versicherungsjahr beginnt mit dem im Versicherungsschein bezeichneten Zeitpunkt (technischer Versicherungsbeginn); es endet am 31. Dezember des betreffenden Kalenderjahres. Die folgenden Versicherungsjahre fallen mit dem Kalenderjahr zusammen.

§ 14 Kündigung durch den Versicherer

(1) Eine Beendigung der privaten Pflegepflichtversicherung durch Kündigung oder Rücktritt seitens des Versicherers ist nicht möglich, solange der Kontrahierungszwang gemäß § 110 Absatz 1 Nr. 1, Absatz 3 Nr. 1 SGB XI (siehe Anhang) besteht. Bei einer Verletzung der dem Versicherungsnehmer bei Schließung des Vertrages obliegenden Anzeigepflicht kann der Versicherer jedoch, falls mit Rücksicht auf ein erhöhtes Risiko ein Beitragszuschlag erforderlich ist, vom Beginn des Versicherungsvertrages an den höheren Beitrag verlangen. § 8 Absatz 5 bleibt unberührt.

(2) Bei einem wegen Auslandsaufenthalt auf einer besonderen Vereinbarung gemäß § 15 Absatz 3 beruhenden Versicherungsverhältnis verzichtet der Versicherer auf das ordentliche Kündigungsrecht. Die gesetzlichen Bestimmungen über das außerordentliche Kündigungsrecht

bleiben unberührt. Die Kündigung kann auf einzelne versicherte Personen beschränkt werden.

(3) Eine ordentliche Kündigung bedarf einer Frist von drei Monaten zum Ende des Versicherungsjahres (§ 13 Absatz 4).

§ 15 Sonstige Beendigungsgründe

(1) Das Versicherungsverhältnis endet mit dem Tod des Versicherungsnehmers. Die versicherten Personen haben jedoch die Pflicht, das Versicherungsverhältnis unter Benennung des künftigen Versicherungsnehmers fortzusetzen, wenn und solange für sie eine private Krankenversicherung mit Anspruch auf Kostenerstattung für allgemeine Krankenhausleistungen besteht. Die Erklärung ist innerhalb zweier Monate nach dem Tode des Versicherungsnehmers abzugeben.

(2) Bei Tod einer versicherten Person endet insoweit das Versicherungsverhältnis.

(3) Das Versicherungsverhältnis endet mit der Verlegung des Wohnsitzes oder gewöhnlichen Aufenthaltes ins Ausland, es sei denn, daß insoweit eine besondere Vereinbarung getroffen wird. Ein diesbezüglicher Antrag ist spätestens innerhalb eines Monats nach Verlegung des Wohnsitzes oder des gewöhnlichen Aufenthaltes des Versicherungsnehmers zu stellen. Der Versicherer verpflichtet sich, den Antrag anzunehmen, falls er innerhalb der vorgenannten Frist gestellt wurde.
Für die Dauer der besonderen Vereinbarung ist der für die private Pflegepflichtversicherung maßgebliche Beitrag zu zahlen; die Leistungspflicht des Versicherers ruht gemäß § 5 Absatz 1 a).
Für versicherte Personen, die ihren Wohnsitz oder gewöhnlichen Aufenthalt in Deutschland beibehalten, gelten Absatz 1 Sätze 2 und 3 entsprechend.

(4) Bei Verlegung des Wohnsitzes oder gewöhnlichen Aufenthaltes einer versicherten Person ins Ausland endet insoweit das Versicherungsverhältnis, es sei denn, daß eine besondere Vereinbarung getroffen wird. Absatz 3 Sätze 2 bis 4 gelten entsprechend.

Sonstige Bestimmungen

§ 16 Willenserklärungen und Anzeigen

Willenserklärungen und Anzeigen gegenüber dem Versicherer bedürfen der Schriftform. Zu ihrer Entgegennahme sind Versicherungsvermittler nicht bevollmächtigt.

§ 17 Klagefrist/Gerichtsstand

(1) Hat der Versicherer einen Anspruch auf Versicherungsleistungen dem Grunde oder der Höhe nach abgelehnt, so ist er insoweit von der Verpflichtung zur Leistung frei, wenn der Anspruch vom Versicherungsnehmer nicht innerhalb von sechs Monaten gerichtlich geltend gemacht wird. Die Frist beginnt erst, nachdem der Versicherer den Anspruch unter Angabe der mit dem Ablauf der Frist verbundenen Rechtsfolgen schriftlich abgelehnt hat.

(2) Klagen gegen den Versicherer können bei dem Gericht am Sitz des Versicherers oder bei dem Gericht des Ortes anhängig gemacht werden, wo der Vermittlungsagent zur Zeit der Vermittlung seine gewerbliche Niederlassung oder in Ermangelung einer solchen seinen Wohnsitz hat.

(3) Für Klagen aus dem Versicherungsverhältnis gegen den Versicherungsnehmer ist das Gericht des Ortes zuständig, an dem der Versicherungsnehmer seinen Wohnsitz oder den Sitz oder die Niederlassung seines Geschäfts- oder Gewerbebetriebes hat.

§ 18 Änderungen der Allgemeinen Versicherungsbedingungen

(1) Die Allgemeinen Versicherungsbedingungen können unter hinreichender Wahrung der Belange der Versicherten vom Versicherer mit Zustimmung eines unabhängigen Treuhänders mit Wirkung für bestehende Versicherungsverhältnisse, auch für den noch nicht abgelaufenen Teil des Versicherungsjahres, geändert werden

a) bei einer nicht nur vorübergehenden Veränderung der Verhältnisse des Gesundheitswesens,
b) im Falle der Unwirksamkeit von Bedingungen,
c) bei Änderungen von Gesetzen, auf denen die Bestimmungen des Versicherungsvertrages beruhen,
d) bei unmittelbar den Versicherungsvertrag betreffenden Änderungen der höchstrichterlichen Rechtsprechung, der Verwaltungspraxis des Bundesaufsichtsamtes für das Versicherungswesen oder der Kartellbehörden.

Im Falle der Buchstaben c) und d) ist eine Änderung nur zulässig, soweit sie Bestimmungen über Versicherungsschutz, Pflichten des Versicherungsnehmers, Sonstige Beendigungsgründe, Willenserklärungen und Anzeigen sowie Klagefrist und Gerichtsstand betrifft.

(2) Die neuen Bedingungen sollen den ersetzten rechtlich und wirtschaftlich weitestgehend entsprechen. Sie dürfen die Versicherten auch unter Berücksichtigung der bisherigen Auslegung in rechtlicher und wirtschaftlicher Hinsicht nicht unzumutbar benachteiligen.

(3) Änderungen nach Absatz 1 werden zu Beginn des zweiten Monats wirksam, der auf die Benachrichtigung der Versicherungsnehmer folgt, sofern nicht mit Zustimmung des Treuhänders ein anderer Zeitpunkt bestimmt wird.

(4) Zur Beseitigung von Auslegungszweifeln kann der Versicherer mit Zustimmung des Treuhänders den Wortlaut

von Bedingungen ändern, wenn diese Anpassung vom bisherigen Bedingungstext gedeckt ist und den objektiven Willen sowie die Interessen beider Parteien berücksichtigt. Absatz 3 gilt entsprechend.

§ 19 Beitragsrückerstattung

Die aus dem Abrechnungsverband private Pflegepflichtversicherung der Rückstellung für Beitragsrückerstattung zugeführten Mittel werden insbesondere zur Limitierung der Beiträge der versicherten Personen und zur Finanzierung von Leistungsverbesserungen verwendet.

Zusatzvereinbarungen für Versicherungsverträge gemäß § 110 Absatz 2 SGB XI

Für Versicherungsverträge, die mit Personen abgeschlossen werden, die zum Zeitpunkt des Inkrafttretens des SGB XI am 1. Januar 1995 bei einem Unternehmen der privaten Krankenversicherung mit Anspruch auf allgemeine Krankenhausleistungen versichert sind, gilt folgendes:
In Abweichung von

1. § 3 MB/PPV 1995 entfallen die Wartezeiten;
2. § 8 Absatz 1 MB/PPV 1995 besteht für versicherte Personen, die vor dem 30. Juni 1996 vollstationäre Pflege in einem Pflegeheim erhalten, auf Antrag Beitragsfreiheit bis zum Eintritt der Leistungspflicht des Versicherers für vollstationäre Pflege am 1. Juli 1996, sofern nicht Beitragsfreiheit für Kinder gemäß § 8 Absätze 2 bis 4 MB/PPV 1995 beansprucht wird.
3. § 8 Absatz 3 MB/PPV 1995 besteht Anspruch auf beitragsfreie Mitversicherung von Behinderten, die zum Zeitpunkt des Inkrafttretens des SGB XI die Voraussetzungen nach Buchstabe d) nicht erfüllen, diese aber erfüllt hätten, wenn die Pflegeversicherung zum Zeit-

punkt des Eintritts der Behinderung bereits bestanden hätte;

4. § 8 Absatz 5 MB/PPV 1995
   a) wird die Höhe der Beiträge für Ehegatten auf 150 v. H., bei Personen, die nach beamtenrechtlichen Vorschriften oder Grundsätzen bei Pflegebedürftigkeit Anspruch auf Beihilfe haben, auf 75 v. H. des jeweiligen Höchstbeitrages der sozialen Pflegeversicherung begrenzt, wenn ein Ehegatte kein Gesamteinkommen hat, das regelmäßig im Monat ein Siebtel der monatlichen Bezugsgröße nach § 18 SGB IV (siehe Anhang) überschreitet; bei Renten wird der Zahlbetrag berücksichtigt.
      Die Voraussetzungen der Beitragsvergünstigung sind nachzuweisen; hierfür kann der Versicherer auch die Vorlage des Steuer- und des Rentenbescheides verlangen.
      Der Wegfall der Voraussetzungen für die Beitragsvergünstigung ist dem Versicherer unverzüglich anzuzeigen; dieser ist berechtigt, ab dem Zeitpunkt des Wegfalls für jeden Ehegatten den vollen Beitrag zu erheben. Sind die Ehegatten nicht bei demselben Versicherer versichert, wird von jedem Ehegatten die Hälfte des maßgeblichen Gesamtbeitrages erhoben. Liegt der individuelle Beitrag eines Versicherten jedoch niedriger als die Hälfte des maßgeblichen Gesamtbeitrages, so wird der gesamte Kappungsbeitrag dem anderen Ehegatten zugerechnet;
   b) wird ferner die Höchstbeitragsgarantie nicht von einer Vorversicherungszeit abhängig gemacht;
5. § 8a Absatz 2 MB/PPV 1995 erfolgt keine Erhöhung der Beiträge nach dem Gesundheitszustand des Versicherten.

Die Zusatzvereinbarungen gelten auch für Personen, die sich gemäß Artikel 41 Pflege-Versicherungsgesetz (siehe Anhang) bis zum 30. Juni 1995 von der Versicherungspflicht in der sozialen Pflegeversicherung haben befreien lassen. Sie gelten ferner für Personen mit Anspruch auf Beihilfe nach beamtenrechtlichen Vorschriften oder Grundsätzen einschließlich der Mitglieder der Postbeamtenkrankenkasse und der Mitglieder der Krankenversorgung der Bundesbahnbeamten sowie für Personen mit Anspruch auf Heilfürsorge, die nicht bei einem Unternehmen der privaten Krankenversicherung mit Anspruch auf allgemeine Krankenhausleistungen versichert sind, sofern zum Zeitpunkt des Inkrafttretens des Pflege-Versicherungsgesetzes Versicherungspflicht in der privaten Pflegeversicherung besteht und ein Antrag auf Abschluß einer privaten Pflegepflichtversicherung bis zum 30. Juni 1995 bei einem Unternehmen der privaten Krankenversicherung vorliegt.

Gültig ab Januar 1995

Tarif PV
mit Tarifstufen PVN und PVB

Dieser Tarif gilt in Verbindung mit dem Bedingungsteil (MB/PPV 1995) der Allgemeinen Versicherungsbedingungen für die private Pflegepflichtversicherung

Leistungen des Versicherers

Die Leistungen nach den Nummern 1–6 sowie 8 und 9 werden ab 1. April 1995 erbracht, die Leistungen nach Nummer 7 ab 1. Juli 1996.

Tarifstufe PVN
für versicherte Personen ohne Anspruch auf Beihilfe bei Pflegebedürftigkeit

Die Tarifleistungen betragen 100 %

der nach den Nummern 1–6 sowie 8 und 9 ab 1. April 1995, nach Nummer 7 ab 1. Juli 1996 vorgesehenen Beträge.

Tarifstufe PVB

für versicherte Personen mit Anspruch auf Beihilfe oder Heilfürsorge bei Pflegebedürftigkeit

Versicherungsfähig sind Personen, die nach beamtenrechtlichen Vorschriften oder Grundsätzen bei Pflegebedürftigkeit Anspruch auf Beihilfe oder Heilfürsorge haben.

Die **Tarifleistungen betragen** für

1.	Beamte, Richter, entpflichtete Hochschullehrer und Personen in einem sonstigen öffentlich-rechtlichen Dienstverhältnis ohne bzw. mit einem bei der Beihilfe berücksichtigungsfähigen Kind	**50 %**
2.	Personen nach Nr. 1 mit zwei oder mehr berücksichtigungsfähigen Kindern	**30 %**
3.	Personen nach Nr. 1, die sich im Ruhestand befinden	**30 %**
4.	bei der Beihilfe berücksichtigungsfähige Ehegatten und beihilfeberechtigte Witwen und Witwer	**30 %**
5.	bei der Beihilfe berücksichtigungsfähige Kinder und beihilfeberechtigte Waisen	**20 %**

der in Tarifstufe PVN nach den Nummern 1–6 sowie 8 und 9 ab 1. April 1995, nach Nummer 7 ab 1. Juli 1996 vorgesehenen Beträge, zusammen mit der Beihilfe jedoch nicht mehr als diese Beträge.

Bei der leihweisen Überlassung von technischen Hilfsmitteln werden diese entweder vom Träger der Beihilfe oder vom Versicherer zur Verfügung gestellt; die dem Versicherungsnehmer insoweit gegen den anderen Kostenträger zustehenden Ansprüche gehen auf den Träger der Beihilfe oder den Versicherer über, der das technische Hilfsmittel bereitgestellt hat.

1. Häusliche Pflegehilfe

Die Aufwendungen für häusliche Pflegehilfe werden je Kalendermonat
a) für Pflegebedürftige der Pflegestufe I bis zu 750 DM,
b) für Pflegebedürftige der Pflegestufe II bis zu 1800 DM,
c) für Pflegebedürftige der Pflegestufe III bis zu 2800 DM
erstattet.

In besonders gelagerten Einzelfällen kann zur Vermeidung von Härten versicherten Personen der Pflegestufe III Aufwendungsersatz bis zu einem Höchstbetrag von 3750 DM monatlich gewährt werden, wenn ein außergewöhnlich hoher Pflegeaufwand vorliegt, der das übliche Maß der Pflegestufe III weit übersteigt.

Erstattungsfähig sind die zwischen den Trägern des Pflegedienstes und den Leistungsträgern der sozialen Pflegeversicherung gemäß § 89 Absatz 1 SGB XI (siehe Anhang) vereinbarten Vergütungen, soweit nicht die vom Bundesministerium für Arbeit und Sozialordnung nach § 90 SGB XI (siehe Anhang) erlassene Gebührenordnung für die Vergütung der ambulanten Pflegeleistungen und der hauswirtschaftlichen Versorgung der Pflegebedürftigen Anwendung findet. Zugelassene Pflegeeinrichtungen, die auf eine vertragliche Regelung der Pflegevergütung verzichten oder mit denen eine solche Regelung nicht zustandekommt, können den Preis für ihre ambulanten Leistungen unmittelbar mit der versicherten Person vereinbaren; es werden in diesem Fall jedoch höchstens 80 v. H. der in Sätze 1 und 2 vorgesehenen Beträge erstattet.

In Tarifstufe PVB werden die Beträge auf den tariflichen Prozentsatz gekürzt.

2. Pflegegeld

Das Pflegegeld beträgt je Kalendermonat

a) für Pflegebedürftige der Pflegestufe I	400 DM,
b) für Pflegebedürftige der Pflegestufe II	800 DM,
c) für Pflegebedürftige der Pflegestufe III	1300 DM.

Das Pflegegeld wird in monatlichen Raten jeweils für den zurückliegenden Monat gezahlt.

In Tarifstufe PVB werden die Beträge auf den tariflichen Prozentsatz gekürzt.

3. Häusliche Pflege bei Verhinderung einer Pflegeperson

Die Erstattung ist im Einzelfall auf 2800 DM je Kalenderjahr begrenzt.

In Tarifstufe PVB wird der Betrag auf den tariflichen Prozentsatz gekürzt.

4. Pflegehilfsmittel und technische Hilfen

Erstattungsfähig sind Aufwendungen für die in dem Pflegehilfsmittelverzeichnis der Spitzenverbände der sozialen Pflegeversicherung oder in der ersatzweise erlassenen Rechtsverordnung des Bundesministeriums für Arbeit und Sozialordnung aufgeführten Pflegehilfsmittel und technischen Hilfen.

4.1 Technische Hilfsmittel werden in allen geeigneten Fällen vorrangig leihweise überlassen. Lehnen versicherte Personen die leihweise Überlassung eines Hilfsmittels ohne zwingenden Grund ab, haben sie die Aufwendungen für das Hilfsmittel in vollem Umfang selbst zu tragen.

Soweit Leihe nicht möglich ist, werden Aufwendungen für technische Hilfsmittel zu

100 v. H.

erstattet. Dabei tragen Versicherte, die das 18. Lebensjahr vollendet haben, eine Selbstbeteiligung von 10 v.H. der Aufwendungen, höchstens jedoch 50 DM je Hilfsmittel; in Härtefällen kann der Versicherer von der Selbstbeteiligung absehen.

4.2 Aufwendungen für zum Verbrauch bestimmte Hilfsmittel werden bis zu

60 DM

je Kalendermonat erstattet.

4.3 Unter Berücksichtigung der Kosten der Maßnahme sowie eines angemessenen Eigenanteils in Abhängigkeit vom Einkommen der versicherten Person sind die Zuschüsse für Maßnahmen zur Verbesserung des individuellen Wohnumfeldes auf

5000 DM

je Maßnahme begrenzt.

In Tarifstufe PVB werden die vorgesehenen Leistungen auf den tariflichen Prozentsatz gekürzt.

5. Teilstationäre Pflege

Im Rahmen der gültigen Pflegesätze werden Aufwendungen für allgemeine Pflegeleistungen je Kalendermonat

a) bei Pflegebedürftigen der Pflegestufe I bis zu 750 DM,

b) bei Pflegebedürftigen der Pflegestufe II bis zu 1500 DM,

c) bei Pflegebedürftigen der Pflegestufe III bis zu 2100 DM erstattet.

Im Rahmen des jeweiligen Höchstbetrages sind auch die Aufwendungen für die notwendige Beförderung der versicherten Person von der Wohnung zur Einrichtung der Tagespflege oder der Nachtpflege und zurück erstattungsfähig.

Erstattungsfähig sind die zwischen den Trägern der Pflegeheime und den Leistungsträgern der sozialen Pflegeversicherung bzw. in den Pflegesatzkommissionen vereinbarten Pflegesätze. Zugelassene Pflegeeinrichtungen, die auf eine vertragliche Regelung der Pflegevergütung verzichten oder mit denen eine solche Regelung nicht zustandekommt, können den Preis für die allgemeinen Pflegeleistungen unmittelbar mit der versicherten Person vereinbaren; es werden in diesem Fall jedoch höchstens 80 v. H. der in Satz 1 vorgesehenen Beträge erstattet.

In Tarifstufe PVB werden die Beträge auf den tariflichen Prozentsatz gekürzt.

6. Kurzzeitpflege

Im Rahmen der gültigen Pflegesätze werden die Aufwendungen für allgemeine Pflegeleistungen für vier Wochen im Kalenderjahr bis zu

2800 DM

ersetzt.

Nr. 5 Sätze 3 und 4 gelten entsprechend.

In Tarifstufe PVB wird der Betrag auf den tariflichen Prozentsatz gekürzt.

7. Vollstationäre Pflege

Leistungen für vollstationäre Pflege werden ab 1. Juli 1996 erbracht, da der Beitrag erst ab diesem Zeitpunkt einen Anteil für diesen Leistungsbereich enthält.

Im Rahmen der gültigen Pflegesätze werden Aufwendungen für allgemeine Pflegeleistungen in Pflegeheimen bis zu

2800 DM

je Kalendermonat erstattet.

Bei versicherten Personen der Pflegestufe III können in besonderen Ausnahmefällen zur Vermeidung von Härten die pflegebedingten Aufwendungen bis zu 3300 DM je Kalendermonat ersetzt werden, wenn außergewöhnlich hoher und intensiver Pflegeaufwand erforderlich ist, der das übliche Maß der Pflegestufe III weit übersteigt.

Nr. 5 Sätze 3 und 4 gelten entsprechend.

In Tarifstufe PVB werden die Beträge auf den tariflichen Prozentsatz gekürzt.

8. Leistungen zur sozialen Sicherung der Pflegepersonen

Die Zahlung der Beiträge an den zuständigen Träger der Rentenversicherung erfolgt, entsprechend dem tariflichen Prozentsatz, nach Maßgabe der §§ 3, 141, 166 und 170 Sozialgesetzbuch (SGB) – Sechstes Buch (VI) – (siehe Anhang) in Abhängigkeit von der jährlich neu festzusetzenden Bezugsgröße, der Pflegestufe und dem sich daraus ergebenden Umfang notwendiger Pflegetätigkeit.

9. Pflegekurse für Angehörige und ehrenamtliche Pflegepersonen

Soweit der Versicherer die Kurse nicht selbst oder gemeinsam mit anderen Krankenversicherern durchführt, erstattet er, entsprechend dem tariflichen Prozentsatz, die Aufwendungen für den Besuch eines Pflegekurses, der von einer anderen vom Versicherer beauftragten Einrichtung durchgeführt wird.

Leistungen des Versicherungsnehmers

Monatliche Beiträge[*)] in DM für Leistungen nach den Nummern 1–6 sowie 8 und 9; bei Hinzukommen der Leistungen nach Nummer 7 werden die Beträge neu festgesetzt.

Alter	Tarifstufe PVN ohne Beihilfe-anspruch im Pflegefall	Tarifstufe PVB[**)] mit Beihilfe-anspruch im Pflegefall	Alter	Tarifstufe PVN ohne Beihilfe-anspruch im Pflegefall	Tarifstufe PVB[**)] mit Beihilfe-anspruch im Pflegefall
0 bis 20	43,61	24,11	43	59,70	29,73
21	43,92	24,22	44	61,06	30,17
22	44,18	24,34	45	62,40	30,60
23	44,55	24,46	46	63,82	31,11
24	44,98	24,66	47	65,35	31,62
25	45,35	24,82	48	66,97	32,14
26	45,82	24,99	49	68,82	32,70
27	46,33	25,12	50	70,72	33,31
28	46,97	25,26	51	72,77	33,94
29	47,50	25,60	52	74,80	34,60
30	48,10	25,81	53	77,07	35,31
31	48,75	26,05	54	79,64	36,10
32	49,38	26,21	55	82,31	36,96
33	50,15	26,40	56	85,24	37,88
34	50,87	26,75	57	88,23	38,93
35	51,66	27,00	58	91,61	39,97
36	52,48	27,30	59	95,47	41,38
37	53,36	27,58	60	99,51	42,69
38	54,30	27,94	61	103,89	44,08
39	55,32	28,33	62	108,21	45,40
40	56,30	28,65	63	113,60	46,91
41	57,41	28,98	64	119,12	48,66
42	58,52	29,32	65	125,27	50,61

Für bisher beitragsfrei versicherte Kinder ist das bei Beendigung der Beitragsfreiheit gegebene Alter maßgebend.

*) – Versicherte Personen, die am 1. Januar 1995 in der privaten Krankenversicherung mindestens mit einem Anspruch auf Kostenersatz für allgemeine Krankenhausleistungen versichert sind, zahlen höchstens den Höchstbeitrag der sozialen Pflegeversicherung; unter denselben Voraussetzungen beträgt die Beitragsbegrenzung für Personen, die nach beamtenrechtlichen Vorschriften oder Grundsätzen bei Pflegebedürftigkeit Anspruch auf Beihilfe haben, maximal 50 % des Höchstbeitrages der sozialen Pflegeversicherung.
– Höchstbeitragsgarantie auch für Neuzugang bei mindestens fünfjähriger Vorversicherungszeit.
– Ehegatten, die am 1. Januar 1995 in der privaten Krankenversicherung mindestens mit einem Anspruch auf Kostenersatz für allgemeine Krankenhausleistungen versichert sind, zahlen bei entsprechendem Nachweis insgesamt höchstens 150 % des Höchstbeitrages der sozialen Pflegeversicherung, wenn und solange ein Ehepartner kein Gesamteinkommen hat, das regelmäßig im Monat ein Siebtel der monatlichen Bezugsgröße nach § 18 SGB IV überschreitet; unter denselben Voraussetzungen beträgt die Beitragsbegrenzung für Personen, die nach beamtenrechtlichen Vorschriften oder Grundsätzen bei Pflegebedürftigkeit Anspruch auf Beihilfe haben, maximal 75 % des Höchstbeitrages der sozialen Pflegeversicherung.
– Nicht erwerbstätige Kinder einer versicherten Person sind unter den Voraussetzungen des § 8 Abs. 2 und 3 MB/PPV 1995 beitragsfrei.
– Versicherte Personen, die vor dem 30. Juni 1996 vollstationäre Pflege in einem Pflegeheim erhalten, sind auf Antrag bis zum Eintritt der Leistungspflicht des Versicherers für vollstationäre Pflege gemäß Nr. 7 des Tarifs beitragsfrei versichert, sofern nicht Beitragsfreiheit für Kinder beansprucht wird.

**) – Auf diesen Betrag wird eine zunächst auf das Jahr 1995 befristete vorgezogene Beitragsrückerstattung in Höhe von 17 % gewährt.

Stichwortverzeichnis

Aktenlage 52
Allgemeine Versicherungsbedingungen im Anhang
Altenheim 57, 60
Altenteiler 17
Altenwohnheim 60
Altersgrenzen 23
Altersübergangsgeld 17, 33
Angehörige 60, 88
Angestellter 17
Antrag 10, 16, 24, 25, 26, 31, 51, 72 f., 91
Arbeiter 17
Arbeitgeber 34, 37, 84, 86
Arbeitgeberanteil 35, 84, 86
Arbeitnehmer 34, 84
Arbeitsförderungsgesetz 17
Arbeitslosengeld 17, 33
Arbeitslosenhilfe 17, 33
Arzt 53, 92
Aufnahmezwang 21, 91
Ausland 24, 106
Auszubildende 18

Beamte 9, 19
Befreiung von der Versicherungspflicht 9, 19, 25 ff., 31
Begutachtung 43, 52 ff., 84
Behinderte 17, 70
Behinderung 40 ff., 65, 84, 94
Behindertenheim 57, 60
Beitrag 8, 30 ff., 77, 84, 85, 91
Beitragsbemessungsgrenze 85
Beitragsfreiheit 30 ff., 85
Beitragssatz 30 ff., 86
Beitragssatzstabilität 86
Beitragstragung 29
Beitragszuschüsse 35 ff., 86
Berufsausbildung 17
Berufsausbildungswerk 17
Bezugsgröße 86
Bundesversorgungsgesetz 32
Bußgeld 87

Ehegatte 21, 24, 31, 87, 106
Eingliederungshilfe 17, 47
Einnahmen 32 f., 87
Erhebliche Pflegebedürftigkeit 47 f., 58 ff.
Ernährung 43 f., 47 ff., 57 ff., 77, 94, 101, 103
Ersatzpflegekraft 62 ff., 87, 104 f.
Erziehungsgeld 30, 85

Familienversicherung 22, 24, 26, 30, 32, 85, 87, 89 f., 106
Feiertag 34, 36, 88
Feiertagsregelung 88
Freiwillig Versicherte 9, 18 f., 25

Geldleistung 61, 88
Gesetzliche Unfallversicherung 77 ff.
Grundpflege 57 ff., 89

Hauswirtschaftliche Versorgung 43, 45, 47 ff., 77, 89, 94 f., 101, 103
Härtefall 56, 58
Heilfürsorgeberechtigter 19, 91
Hilfebedarf 43 ff.
Hilfe bei Pflegebedürftigkeit 40 ff., 89
Hilfsmittel 13, 51, 64 ff., 79, 96

Jugendhilfe 17

Kinder 21, 23, 24, 50 f., 87, 89, 101, 106
Kombinationsleistung 13, 61 f., 89, 90, 96
Kommunikation 43, 47

Körperpflege 43, 47 ff., 57 ff., 77, 94, 101, 103
Kostenerstattung 91, 99 f.
Krankengeld 31, 33, 91
Krankenkasse 16 ff.
Krankenpflege 53
Krankenversicherung 31 f., 34 f., 65, 87
Krankheit 11, 40 ff., 65, 85, 87, 92, 94, 104
Kündigung 10, 27, 92
Künstler 17
Künstlersozialversicherungsgesetz 17
Kurzzeitpflege 68 ff., 71, 92

Landwirte 17, 30, 33
Leistungsarten 56 ff.

Medizinischer Dienst 51 ff., 71, 84, 92 f., 96, 99, 103
Meldepflichten 26
Mobilität 43 f., 47 ff., 57 ff., 77, 93 f., 101, 103
Mutterschaftsgeld 30, 85

Nachbar 56, 59, 97
Nachtpflege 63, 67 ff., 71, 93 f., 103

Pflege, häusliche 56 ff., 66 f., 89, 92, 95, 107
Pflege, stationäre 56, 107
Pflege, teilstationäre 67 ff., 92, 103, 107
Pflegebedürftige 40 ff., 51 ff., 56 ff., 71, 76 f., 88, 90, 93 f., 97, 99, 100 f., 103, 107, 108
Pflegebedürftigkeit 12, 21, 40 ff., 51 ff., 61 ff., 68 ff., 84, 93, 94
Pflegedienste 12, 46, 95 f.
Pflegefachkraft 53, 58 ff., 95 ff.
Pflegegeld 13, 59 ff., 88 f., 90, 95, 103
Pflegeheim 96, 108
Pflegekasse 11, 25 f., 42, 53, 59, 66, 68, 71, 78 f., 86, 87, 91, 95 ff., 99 f, 103 f., 107
Pflegekraft 58 ff., 96 f.
Pflegekurs 13, 79, 97
Pflegeperson 59 f., 76 ff., 88, 98, 104
Pflegeplan 52, 99
Pflegesachleistung 56 ff., 61, 72, 99
Pflegesätze 100 f.
Pflegestufen 12, 42, 47 ff., 93, 101, 107
Pflegeversichertennummer 102
Pflegeversicherung, private 9, 18, 19 ff., 25 f., 35 f., 37, 54, 56 ff., 73 f., 87, 91, 92, 106
Pflegeversicherung, soziale 8 f., 16 ff., 25 f., 73, 87, 88, 90, 93, 102, 106, 108
Postbeamtenkrankenkasse 20
Praktikant 17
Private Pflegeversicherung siehe Pflegeversicherung, private
Privat Versicherte 9, 91
Publizisten 17

Rehabilitation 17, 40 ff., 47, 51, 56, 79
Reisekrankenversicherung 19
Rente 18, 30, 32, 87, 102
Rentenbezieher 18, 22, 102
Rentenversicherung 76 ff., 98
Rentner 86
Risikozuschlag 22

Sachleistung 12, 61, 90, 95, 100
Schüler 86
Schwerpflegebedürftigkeit 48 ff., 58 ff., 101, 102
Schwerstpflegebedürftigkeit 49 ff., 58 ff., 71, 101, 103
Sozialdaten 103

Sozialhilfe 66, 91, 96, 107
Sozialversicherung 32
Studenten 17, 86

Tagespflege 13, 63, 67 ff., 71, 93, 103
Technische Hilfe 13, 51, 64 ff., 89

Übergangszeit 92
Unfall 98, 105
Unfallversicherung 77, 98
Unterhaltsgeld 17, 33, 78
Unterkunft und Verpflegung 71, 104, 105, 107 f.

Verhinderung der Pflegeperson 62 ff.
Verpflegung 71, 104, 105, 107 f.
Verrichtungen des täglichen Lebens 43 ff., 46, 89, 105
Versicherungspflicht 16, 25 f., 84, 105
Versorgungsbezüge 33, 87
Vollstationäre Pflege 30, 70 ff., 92, 107
Vorerkrankung 21, 52
Vorruhestand 86, 87, 108
Vorversicherungszeit 73, 106

Wartezeiten 21
Wehrdienst 88, 90
Weiterversicherung 24 f., 106

Zivildienst 63, 88, 90
Zusatzleistungen 71, 108